Por que Deus permite
OS DESASTRES NATURAIS?

POR QUE DEUS PERMITE OS DESASTRES NATURAIS?

David Pawson

Anchor Recordings

Copyright © 2021 David Pawson Ministry CIO
English title: *Why Does God Allow Natural Disasters?*

Os direitos autorais referentes a este livro são assegurados a David Pawson, de acordo com a Lei de Direitos Autorais, Desenhos Industriais e Patentes de 1988 (Reino Unido).

Uma publicação da Anchor Recordings Ltd
DPTT, Synegis House, 21 Crockhamwell Road,
Woodley, Reading RG5 3LE, UK
Todos os direitos reservados.

Nenhuma parte desta publicação pode ser reproduzida ou distribuída, em qualquer forma ou por quaisquer meios, sejam eles eletrônicos ou mecânicos, incluindo fotocópias e gravações, ou por qualquer sistema de armazenamento e recuperação de informações, sem autorização prévia, por escrito, da Editora.

www.davidpawson.com

www.davidpawson.org

email: info@davidpawsonministry.org

ISBN 978-1-913472-28-3

Impressão: INGRAM

Sumário

PREFÁCIO 7
1. A culpa é de Deus? 9
2. Os cristãos encontraram a resposta? 13
3. Como Deus realmente é? 19
4. Merecemos os desastres? 51
5. Algum dia eles cessarão? 59

PREFÁCIO

Esta publicação baseia-se em uma série de palestras que gravei para a TV após o tsunami na Ásia.

Por originar-se da palavra falada, muitos leitores considerarão seu estilo um tanto diferente do meu modo costumeiro de escrever. Espero que isto não venha a depreciar a essência do ensino bíblico encontrado aqui.

Como sempre, peço ao leitor que compare tudo o que digo ou escrevo ao que se encontra registrado na Bíblia e, caso perceba um conflito em qualquer ponto, sempre fie-se no claro ensino das Escrituras.

David Pawson

1
A CULPA É DE DEUS?

Muitos desastres terríveis já ocorreram e levaram algumas pessoas e a própria imprensa a indagar: "Onde estava Deus quando tudo isso aconteceu?". Por essa razão, decidi abordar a questão, que surgiu com mais força após o tsunami na Ásia e a tragédia de 11 de setembro, o ataque às torres gêmeas em Nova York.

Que grande diferença há entre os dois eventos! O tsunami de 26 de dezembro de 2004 foi, sem dúvida alguma, um desastre muito mais destrutivo, pois tirou a vida de um número 50 vezes maior de pessoas em comparação ao ataque de 11 de setembro de 2001, além de ter causado danos a um número muito maior de propriedades e afetado diretamente várias nações. No entanto, a maior diferença entre as duas tragédias é o fato de o tsunami não ter sido causado por seres humanos, diferentemente do ataque às torres gêmeas, que foi resultado direto da ação do homem. O tsunami é o que as seguradoras classificam como "ato de Deus". Não sei bem se essa expressão tem algum significado para as pessoas nos nossos dias, exceto como algo para o qual não existe seguro, pois não tem causa humana. Para algumas pessoas, aparentemente, a expressão "ato de Deus" é tão inexpressiva quanto o juramento, feito sobre a Bíblia, de falar a verdade em um tribunal. Esses gestos estão entre os vestígios do nosso passado piedoso.

* * * * *

Inicialmente, vamos nos concentrar no tsunami asiático, mas muitas de nossas observações poderão ser aplicadas igualmente a outros tipos de desastre natural. Nos dias de hoje, testemunhamos esses eventos pela televisão. À medida que os acompanhamos, rapidamente somos tomados de horror e desafiados a reagir prestando alguma forma de ajuda humanitária e socorro às vítimas da catástrofe.

Em primeiro lugar, há grandes demandas físicas. Assistência médica para os feridos, sepultamento para os mortos, comida, água e abrigo são necessários aos sobreviventes. Grande parte do auxílio vindo de todo o mundo foi direcionado à região do Oceano Índico, onde ocorreu o tsunami. Rapidamente, no entanto, aquelas necessidades deram lugar às carências emocionais. O choque e o trauma. Tornou-se extremamente necessária a atuação de conselheiros para tratar daqueles que sofreram, literalmente, uma onda de choque. Assim que o choque começa a diminuir, o sentimento a ser enfrentado a seguir é o luto. Nesses momentos, nos sentimos profundamente tocados por aqueles que perderam seus queridos ou que aguardam notícias de seus familiares. Lembro-me da reação das pessoas, durante a Segunda Guerra, quando alguém trazia um telegrama com as palavras "desaparecido em combate". Muitas vezes, a família jamais descobria o que realmente havia ocorrido. Foi o que aconteceu à minha prima. Quando os japoneses invadiram a Malásia, ela foi obrigada a fugir com seus dois filhos. Durante muito tempo, não soube o que havia acontecido a seu marido. Não sabia se era viúva. Foi obrigada a viver por vários anos sem saber o que havia acontecido, e isso é muito mais difícil de suportar do que a notícia de que ele havia sido morto pelos japoneses (como ela descobriu mais tarde).

Após o choque, portanto, vem a tristeza e o luto, e, em

seguida, a raiva. Todo desastre é seguido pelo sentimento de raiva. As pessoas buscam um bode expiatório, alguém para responsabilizar, a quem direcionar a ira. É preciso lidar com a ira. No caso de um desastre natural, é claro, o "bode expiatório" costuma ser o próprio Deus. Ouvi muitas pessoas culparem a Deus pelo tsunami. Não há ser humano a quem possam culpar. Culparam o primeiro-ministro por não interromper suas férias e retornar para assumir o controle da situação. Mas estavam plenamente cientes de que não havia ser humano que pudessem culpar pelo acontecimento em si. Por isso, Deus tornou-se seu bode expiatório.

Um desastre costuma provocar uma dessas duas reações nas pessoas: ou elas são atraídas para mais perto de Deus ou se distanciam ainda mais dele. Todos teremos uma dessas reações, mesmo que não sejamos envolvidos pessoalmente. Com isso surge uma terceira necessidade. As necessidades físicas, como alimento, água, medicamentos e abrigo, precisam ser supridas; as necessidades emocionais, como choque pós-traumático, luto e ira, precisam ser tratadas. Mas chegamos, então, ao que gostaria de chamar de necessidades intelectuais. Cada ser humano tem a necessidade de entender o fato, de saber detalhes, e assim passamos da primeira e da segunda necessidade para a terceira, à medida que as pessoas apresentam seus grandes questionamentos: Como isso aconteceu? O que o causou?

Naturalmente, há uma resposta científica para isso, portanto temos conhecimento do que aconteceu. Sabemos que duas placas tectônicas entraram em atrito, ficaram presas; o movimento foi interrompido brevemente e, então, de repente, foi liberado. A energia liberada foi tão grande que enviou uma onda gigantesca por todo o Oceano Índico. Você sabia que a força do terremoto fez oscilar ligeiramente o eixo da Terra? Portanto, toda a Terra se abalou. Foi algo gigantesco. Mas sabemos como isso aconteceu. Obviamente, a razão para a pergunta "Como isso aconteceu?" tem o intuito de, no futuro, evitar, prevenir ou, pelo menos, alertar com antecedência. É muito triste que o Oceano Pacífico tenha um sistema de alerta para tsunamis, mas o Oceano Índico (sendo a região mais pobre do mundo e mais distante dos Estados Unidos) não disponha de algo assim. Esse é o primeiro tipo de pergunta que o intelecto precisa fazer e responder.

Há, contudo, uma pergunta ainda mais importante que perturba a mente de muitos e deve ser abordada, que é: "Por quê?", não apenas "Como isso aconteceu", mas "Por que isso aconteceu?". Precisamos encontrar uma "razão" para o fato, pois ele implica algo que não conseguimos encarar: o sofrimento imerecido, sem propósito; vidas perdidas; propriedades destruídas. Queremos saber se há alguma razão por trás do acontecimento. Ele faz algum sentido? Será que somos obrigados a viver com algo que não faz sentido algum e, consequentemente, nos deixa inseguros em relação às perguntas que inundam nossa mente? No rastro de qualquer desastre, pode parecer crueldade discutir questões tão objetivas. Mesmo assim, creio que seja necessário abordá-las, ao menos pelo fato de que Deus está sendo responsabilizado. Quero defender a verdade a respeito de Deus. Eu creio nele. Confio nele. E acredito que grande parte da culpa é equivocadamente atribuída a Deus nesse tipo de situação.

2
OS CRISTÃOS ENCONTRARAM A RESPOSTA?

A seguir, gostaria de abordar algumas das respostas equivocadas a essa pergunta, mesmo que sejam oferecidas por cristãos e líderes da igreja. O que veremos agora, portanto, pode parecer um pouco negativo, mas meu intuito é abrir caminho para a verdadeira resposta, aquela que creio ser a resposta bíblica a essa pergunta profunda e temível: "Onde estava Deus quando tudo isso aconteceu?".

O primeiro fato que devemos encarar e aceitar é que vivemos em um ambiente frágil (e até hostil). Nossa própria vida e existência estão por um fio. Aprendemos que o vasto universo está se expandindo rapidamente, e, em todo esse universo, o planeta Terra é apenas um pequenino grão de poeira interestelar; asteroides em movimento no espaço podem nos atingir a qualquer momento e levar a raça humana ao mesmo destino dos dinossauros, que desapareceram!

E se pensarmos no próprio planeta Terra, sobrevivemos apenas na camada mais sólida, a crosta terrestre. Não há como sobreviver a 15 quilômetros abaixo da crosta ou a 15 quilômetros acima da camada gasosa (atmosfera). Você sabia que nenhum homem sobrevive no espaço, pois isso seria impossível? A única maneira pela qual o ser humano pode ir ao espaço é dentro de uma cápsula que reproduza as condições da Terra: reserva suficiente de água e ar. Só assim ele pode viajar ao espaço. O homem não conseguiu viver no espaço. Precisou levar a Terra consigo. Perguntaram a um astronauta americano se ele havia encontrado Deus no espaço. Sorrindo, ele respondeu: "Eu teria encontrado se tirasse meu traje espacial". Estamos presos nessa fina camada que envolve o planeta Terra, e já sabemos como é delicado o seu equilíbrio. O aquecimento global é uma ameaça. A partir dos anos 1970, o clima tornou-se cada vez mais instável. A cada dia que passa, fica mais difícil garantir a continuidade da vida. Aprendemos que a crosta terrestre, a camada de terra sob nossos pés, não é uma unidade contínua. Flutuamos sobre placas rochosas chamadas de "placas tectônicas". Elas se movimentam de forma convergente e divergente, ora separando-se, ora chocando-se ou deslizando lateralmente.

A vida, portanto, torna-se gradativamente mais frágil e mais hostil. É realmente extraordinário que sobrevivamos sob tais condições. Surge, então, a pergunta premente: "Há lá em cima alguém responsável por tudo isso? Existe alguém no controle do nosso universo ou ele apenas segue seu próprio curso, aleatoriamente, e qualquer evento pode acontecer em qualquer lugar?". Se este universo é um acidente, então não surpreende que aconteçam acidentes. É questão de sorte ou de escolha que estejamos aqui? Somos devedores a algo, a alguma força, a alguém? Essa é a questão filosófica mais elementar que o homem pode fazer. Tem sido discutida há muitos séculos e há uma infinidade de respostas para ela. Alguém está no controle? Existe um Deus?

A seguir, examinaremos algumas das diferentes respostas já oferecidas, pois de acordo com algumas delas, os tsunamis, terremotos ou qualquer outro desastre natural não representam problema algum. A problemática, no entanto, aparece quando outras respostas são oferecidas.

ATEÍSMO
Vamos examinar primeiro a resposta oferecida pelo ateísmo. Essa crença afirma que Deus não existe e que esse universo evoluiu de forma aleatória. Estamos aqui por acaso ou,

em outras palavras, por sorte. Para os ateus, portanto, os desastres naturais não representam um problema. As coisas são como devem ser. Foi assim que o mundo evoluiu. Devemos aceitar qualquer desastre, conviver com ele, tentar sobreviver a ele. Mas não há problema. O porquê intelectual não existe, uma vez que essa pergunta torna-se irrelevante se não houver alguém no comando – se não houver Deus.

AGNOSTICISMO

Há outro "ismo" semelhante, muito próximo ao anterior, chamado de "agnosticismo", que é derivado do grego antigo e significa "não sei". Os agnósticos são pessoas que não sabem se Deus existe ou não; elas apenas afirmam: "Bem, talvez ele exista, talvez não exista". Para esses, também, essa questão não envolve uma problemática intelectual. Quando muito, os desastres naturais tendem a aproximar os agnósticos mais do ateísmo do que do teísmo, doutrina que reconhece a existência de Deus. No geral, entretanto, não é uma problemática real. Os agnósticos não indagam "por quê?".

POLITEÍSMO

Temos, então, o estranho "ismo" chamado de "politeísmo", segundo o qual muitos deuses controlam nosso meio ambiente, e os desastres naturais são resultado do enfrentamento entre esses deuses. Quando você acredita em muitos deuses, pode pensar que esses desastres são consequências das desavenças entre eles.

DUALISMO

Temos então o "dualismo", a crença mais comum. O dualismo costuma acreditar em dois deuses: um bom e outro mau. Se lá em cima existem dois deuses, sendo um deles responsável por tudo o que é bom e o outro responsável por tudo o que é ruim, então não há problema algum, pois é assim que deve ser. Alguns cristãos chegam perto de ser dualistas na prática, quando acreditam que o diabo é tão poderoso quanto Deus e atribuem a ele tudo de ruim que acontece e a Deus, tudo o que acontece de bom. Essa pode ser uma forma de dualismo. Mas o diabo é uma criatura como nós. Ele não é o Criador. Não é Todo-Poderoso, por isso não devemos atribuir a ele tudo o que é "ruim", embora ele seja responsável por boa parte disso.

MONOTEÍSMO

O monoteísmo é a crença de que há um Deus, e é aqui que a problemática se instala. Se existe somente um Deus, então ele deve ser responsabilizado pelos desastres naturais. Não se trata, portanto, de um problema enfrentado pelos ateus, agnósticos, politeístas ou dualistas, mas certamente pelos monoteístas. Se você crê que estamos em um *uni*verso (porque há somente uma pessoa no controle) então alguém deve ser responsável pelo que acontece nele. No entanto, mesmo no contexto do monoteísmo, temos de lidar com outra pergunta. Se existe um Deus, não faz diferença que esse Deus seja mau. Na melhor das hipóteses, ele não se importa conosco ou, na pior delas, tem prazer em nos ver sofrer – já ouvi as duas afirmações. Se você acredita que a divindade que controla este universo é um deus mau, então não há problema. Ele faz coisas más porque é mau. No entanto, suponhamos que ele seja (como nós) uma mistura de bem e mal – e que faça coisas tanto boas quanto más. Bem, novamente, não há uma problemática intelectual. Isso significa apenas que um desastre terrível acontece quando ele está num dia ruim, quando está de mau humor. Se você acredita que Deus é tanto mau quanto bom – ora uma coisa, ora outra – então tudo bem.

    Chegamos agora ao ponto central da problemática intelectual, que é esta: os cristãos acreditam em um Deus que é plena e absolutamente bom, isento de qualquer tipo de maldade. Aí, sim, temos uma problemática instalada. Como é possível que um Deus que controla tudo o que existe permita que coisas tão ruins aconteçam? O que estou tentando dizer é isto: uma pessoa que afirma "Por que Deus permite que eu passe por esse problema?" já parte de duas premissas: Deus é bom; e ele é Todo-Poderoso. Os cristãos estão convictos dessas premissas, pois é o que a Bíblia ensina. Portanto, somente aqueles que se baseiam nelas têm uma problemática intelectual em relação aos desastres naturais.

Em palavras muito simples, se Deus é Todo-Poderoso e Deus é amor, então como podem acontecer eventos que geram tanto sofrimento? Em suma, essa é a problemática. Chegamos agora ao ponto central. Somente aqueles que creem nessas duas afirmações a respeito de Deus têm esse questionamento. Pelo fato de eu ser cristão e crer na Bíblia, tenho que lidar com esse questionamento e preciso encontrar uma resposta para ele.

3
COMO DEUS VERDADEIRAMENTE É?

Caso a pergunta seja: "Se Deus é Todo-Poderoso e ama a todos, então como podem acontecer eventos que geram tanto sofrimento?", precisamos estar cientes de que os cristãos, até mesmo os líderes, têm oferecido algumas respostas equivocadas.

Nos dias posteriores ao tsunami na Ásia, ouvi transmissões pelo rádio e li os jornais na esperança de obter uma explicação clara apresentada por um cristão. Não ouvi uma sequer. Talvez eu não tenha ouvido os programas certos ou não tenha lido os melhores jornais, livros ou artigos. Mesmo assim, senti-me grato pela oportunidade de elaborar algo que, eu creio, seja uma explicação satisfatória para os desastres naturais. Primeiro, contudo, vamos nos concentrar nas respostas erradas que são oferecidas. Gostaria de explicar por que eu creio que elas são equivocadas. Elas podem até ter um elemento de verdade, mas, no fim das contas, não respondem ao grande questionamento que minha mente formulou. Preciso de uma resposta à pergunta "Por quê?" que seja satisfatória de duas formas: para minha mente e para minha consciência. Preciso de ambas, pois sou um ser humano que pensa e tem uma consciência que distingue entre certo e errado. Você também é. Sua mente demonstra perplexidade e confusão em algumas situações. Sua consciência avisa quando você não está dando o seu melhor ou quando está fazendo algo certamente errado. Podemos pensar em explicações que são satisfatórias à minha mente, mas que não satisfazem minha consciência. De alguma forma, elas parecem estar erradas. Vamos então tratar das três respostas erradas que não me satisfazem.

1. A primeira resposta oferecida por muitos pregadores cristãos é esta: o sofrimento é um mistério. Você jamais vai entendê-lo. Você tem dificuldade para entender, pois não é Deus, e os caminhos de Deus são mais altos do que os nossos caminhos, e os pensamentos de Deus são mais altos do que os nossos pensamentos de modo que jamais entenderemos por que ele age como age. Devemos, portanto, confiar nele e crer que ele tem boas razões em si mesmo, razões essas que escolheu não partilhar conosco, portanto não podemos compreendê-las. Nossa mente limitada não pode alcançar.

Há um elemento de verdade nisso. Certo livro da Bíblia, de fato, parece fazer essa afirmação: o livro de Jó. Jó enfrentou grande sofrimento. Perdeu sua família, perdeu seu trabalho, perdeu seus bens. Finalmente, perdeu sua saúde. Tudo foi tirado dele. E Jó não conseguia entender por quê. Estava convicto de que não merecia esse sofrimento, e essa era a questão moral que o perturbava. Ele sabia que não era tão perverso como os demais. Seus amigos estavam convencidos do contrário. Nós os chamamos de "consoladores de Jó". Vieram ao seu encontro e lhe disseram: "Você deve ter pecado muito para que todos esses males lhe sobreviessem". Eles estavam errados, e o próprio Deus afirmou o mesmo. Mas quando lemos o livro de Jó, um detalhe chama nossa atenção: Deus nunca revelou o motivo a Jó. E, no final do livro, Deus o confronta com um argumento extraordinário. Disse Deus: "Jó, quero que você medite sobre o hipopótamo". Essa é a cura para a depressão, segundo a Bíblia. Meditar sobre o hipopótamo. Quando você estiver perplexo, quando estiver deprimido, quando não souber o que está acontecendo, pense no hipopótamo. Por quê? Você sabe por que Deus criou o hipopótamo? É claro que não! Então ele passou a falar sobre o crocodilo. "Jó, você sabe por que eu criei o crocodilo?". Jó, você está se sentindo importante demais com todos esses "porquês". Finalmente, Jó se rendeu e afirmou: "Deus, eu não deveria ter dito o que disse. Não deveria tê-lo questionado dessa forma. Sou apenas um homem e tu és Deus". Na verdade, isso bastou para que Deus restaurasse a Jó tudo o que ele havia perdido. Mas a história não termina assim. Creio que se recorrermos à afirmação "o sofrimento é sempre um mistério", jamais responderemos de forma satisfatória às perguntas que são feitas. Então, vamos avançar um pouco mais.

"É inútil perguntar", dizem alguns. "Você não deve perguntar 'Por quê?'. Isso só causará sua própria frustração, até amargura, porque você não terá a resposta. Deus não vai lhe dizer. Portanto, não há sentido em perguntar." Alguns cristãos vão além e determinam que é errado perguntar. "Quem você acha que é para questionar Deus?" Obviamente, precisamos nos lembrar – e há um elemento de verdade nisso – que Deus não precisa prestar contas a nenhum de nós. Ele não precisa justificar o que faz, tampouco dizer o que pode ou não pode fazer. E eu não devo lhe dizer o que pode e não pode fazer. Seria pura insolência. A Bíblia ilustra isso como o barro que questiona o oleiro. Não cabe a nós.

No entanto, essa ideia de que o sofrimento é, e sempre será, um mistério que minha pequenez me impossibilita de compreender me deixa insatisfeito por diversas razões. A primeira delas é que Deus deseja que eu o ame. Mais do que isso, ele ordena que eu o ame. No entanto, quando não me oferece explicação para esses desastres, ele não me encoraja a amá-lo, certo? Ele não está me encorajando a confiar nele quando age dessa forma, e isso me deixa confuso. Se devo amar a Deus, então ele deve ser um Deus cujos caminhos, até certo ponto, eu posso compreender. Deve compartilhar comigo as razões que o levam a agir, a fim de que eu possa entender sua mente e relacionar-me com ele. Jesus disse a seus discípulos: "Isso lhes digo porque vocês são meus amigos". Deus quer amigos. Ele deseja a minha amizade. Abraão era amigo de Deus. A um amigo, você explica por que está fazendo algo que o fere. É claro que explica.

A segunda razão pela qual eu creio que essa não seja a resposta completa é simplesmente: o que posso aprender com os desastres se Deus não me revela nada sobre eles? Que lições posso aprender? Que avanços posso ter na minha vida? Como posso adaptar suas leis e seu amor a mim se ele não me oferece nenhuma explicação? A terceira razão que me levou a descobrir que a resposta "o sofrimento é um mistério e jamais saberemos" é equivocada é esta: em toda a Bíblia, Deus oferece explicações às pessoas e, quando os desastres acontecem, ele explica por que eles ocorrem. Na verdade, ao profeta Amós ele disse: "Nunca envio algo ao meu povo Israel sem alertá-los primeiro". É simplesmente justo e reto que Deus aja dessa forma. Se o desastre está a caminho ele nos dirá por quê. Em toda a Bíblia, do início ao fim, Deus está constantemente revelando a si mesmo. Nosso Deus é assim. Ele quer nos revelar algo. E quando nos deparamos com a palavra "mistério" nas Escrituras, significa algo que Deus nos revelou agora que jamais poderíamos ter compreendido por nós mesmos, algo que nunca teríamos descoberto. Na carta aos Romanos, por exemplo, Paulo fala a respeito do mistério sobre Israel: Deus um dia salvará todo o povo judeu. Trata-se de algo que ninguém poderia ter descoberto por si mesmo. Ninguém teria imaginado. No entanto, Paulo afirma: "Estou lhes revelando um mistério", e a melhor tradução da palavra "mistério" na Bíblia é *um segredo que Deus agora revelou*, algo que somente ele sabia e entendia, mas que agora está partilhando conosco para que possamos compreendê-lo.

Essa é a imagem geral de Deus na Bíblia: um Deus que partilha conosco as razões pelas quais age, pois espera de nós uma resposta correta. Agora coloque todas essas razões em ordem. E aqui temos uma verdadeira objeção à ideia de que todo sofrimento sempre será um mistério.

Sei que há coisas que não entendemos e oro para que, um dia, alcancemos esse entendimento. Quando vemos Deus como ele verdadeiramente é, enxergamos tudo por seu ponto de vista e começamos a compreender. Em meu próprio caso, por exemplo, minha esposa estava morrendo de câncer, mas Deus teve misericórdia e a curou, e ela ainda está comigo, vinte anos depois. No entanto, minha filha morreu de leucemia poucos anos depois. Como era de esperar, minha mente começou a questionar: Por que ele curou minha esposa e levou minha filha? Creio que ele tenha me concedido a resposta a essa pergunta, mas, mesmo assim, não compreendi na ocasião e tive de lutar contra meu próprio pensamento até perceber que comecei a pensar como Deus e não como eu mesmo.

Creio que a primeira resposta equivocada, portanto, é afirmar que os desastres naturais são um completo mistério. "Você jamais vai entender. Somente Deus. E talvez ele tenha suas razões, mas não as revela a nós, por isso devemos apenas aceitar". É um tipo de resignação. Um tipo de fatalismo. Seria como afirmar: "É vontade de Deus, portanto eu devo simplesmente me submeter a ela". Esse é o tipo de afirmação feita por algumas religiões, especialmente o islamismo, e até mesmo por alguns cristãos: "Quando esses desastres acontecem, o melhor a fazer é ter uma atitude bastante estoica a respeito e afirmar 'Seja feita a vontade de Deus', mantendo a calma, sem perturbar-se com o fato". Isso, no entanto, não funciona comigo.

2. Vejamos agora uma segunda resposta que considero inadequada. É concentrar-se apenas em todo o bem que resulta de um desastre, como que afirmando que o bem resultante justifica o mal ocorrido. Trata-se de um argumento surpreendente, mas precisamos analisá-lo. A experiência de um desastre não é positiva, mas não há dúvidas de que, posteriormente, manifesta-se tudo o que existe de melhor na natureza humana. Sabemos de lindas histórias de pessoas que se sacrificaram para salvar outras vidas, e esses exemplos são divulgados na mídia. Lembram-se das imagens da mulher correndo em direção ao mar – ao encontro da imensa onda – a fim de salvar sua família quando o tsunami atingiu a costa? Ela poderia facilmente ter se afogado, mas, na verdade, sua família foi salva. Soube de outros casos em que pais sacrificaram suas vidas para salvar os filhos. O desastre parece ser uma oportunidade para o autossacrifício. E logo em seguida, há uma onda de compaixão e apoio. No caso do tsunami, ela partiu do mundo todo, pois muitos países foram afetados. (Estive na Noruega pouco tempo depois do tsunami e soube que 500 noruegueses ainda estavam desaparecidos, e no país vizinho, a Suécia, milhares ainda não haviam sido localizados.) Todo o mundo foi afetado. Veja, porém, a compaixão que o desastre despertou.

 Vivemos em um mundo egoísta e ganancioso, onde as pessoas estão mais interessadas no benefício próprio. De repente, todos tornam-se altruístas. Muitos doam de forma sacrificial. À custa de grandes sacrifícios, muitos se põem a resgatar pessoas, ajudam a servi-las, reconstroem suas casas e suas vidas. O bem manifesta-se em uma proporção que, não fosse pelo desastre, jamais seria liberada. Em outras palavras, para usar uma palavra antiga, o desastre é uma ocasião para a *caridade* se manifestar. Sei que essa palavra tem um sabor desagradável para muitos, mas a caridade liberada pelo tsunami, por exemplo, é algo que precisamos observar. Os egoístas geralmente passam a agir com altruísmo e os materialistas concentram-se menos em adquirir bens materiais e mais em doar roupas e todo tipo de coisas aos que nada têm. Somos arrancados de nosso egoísmo, dando em vez de receber. A onda de choque produz uma imensa onda reversa de boa vontade. E muitos dizem que isso realmente explica o desastre: veja quanto bem tem sido feito desde então!

Obviamente, precisamos ter em mente todo o quadro. Após o tsunami, fiquei chocado com o mal que se manifestou na natureza humana. Houve saques – também conhecidos como roubos – nas ruínas de cidades, vilarejos e povoados. Mas houve também algo muito pior. Fiquei horrorizado quando soube que seres humanos estavam raptando crianças órfãs, que haviam perdido sua família, com o objetivo de vendê-las para adoção. Foi necessário que o Sri Lanka proibisse a adoção durante certo tempo para impedir esse tráfico medonho. Surgiram então os ladrões de corpos, que se aproveitavam da situação para receber indenização pela morte, alegando que o cadáver era o ente querido que provia para a família. Portanto, o que se manifesta nas pessoas em decorrência dos desastres naturais não é, de forma alguma, apenas o bem. Um cínico também pode afirmar que o ímpeto de ajudar é um tipo de garantia coletiva ou que uma de suas motivações seja a autopreservação coletiva. Em outras palavras, podemos ser os próximos a enfrentar o sofrimento e esperamos que os outros supram nossas necessidades como suprimos as deles.

Enquanto escrevo, reflito sobre as extensas inundações que se repetem na Grã-Bretanha e em muitos outros lugares ao redor do mundo. Os cínicos novamente sugerem que o desejo de ajudar costuma nascer de um tipo de instinto de preservação da nossa espécie. Digo "nossa espécie" porque há pouco ou nenhum esforço no sentido de fazer algo em benefício dos animais que morrem ou sofrem. (As instituições protetoras dos animais alertam sobre o tema de forma veemente.)

Portanto, há uma desvantagem. O ponto mais negativo no que se refere às tais ondas de compaixão humana e ao desejo de contribuir é que ambos desvanecem com bastante rapidez. Os desastres logo desaparecem das manchetes dos jornais. Deixam de ser o tópico principal dos noticiários, no rádio e na televisão. À medida que o interesse e a preocupação rapidamente se esvaem, o mundo volta ao normal – retorna à sua ganância egoísta; retorna ao seu materialismo; retorna a tudo o que foi profundamente abalado. Temos uma extraordinária capacidade de nos recuperar rapidamente dos choques e dos eventos indesejados que nos acontecem.

Há outro "fator positivo" decorrente da tragédia. Tenho sentimentos mistos a respeito, mas assim como o desastre provoca uma onda de caridade, ele também produz uma onda de unidade. Não me refiro apenas à unidade entre as nações (ou até raças). O detalhe surpreendente é que as pessoas já estão vendo com bons olhos um tipo de unidade entre religiões. Há algum tempo, eu estava assistindo ao *Songs of Praise*, um programa de hinos cristãos transmitido pela BBC. Já há um bom tempo, alguns programas da BBC passaram a incluir outras religiões. O programa *Thought for the day* e o dominical *Sunday* tornaram-se plataformas de múltiplas crenças e, nas manhãs de domingo, fala-se tanto a respeito do islamismo quanto do cristianismo. *Songs of Praise*, no entanto, era voltado para o louvor cristão ao Deus cristão. Não é mais. Certo domingo, pouco depois do tsunami, o programa começou com uma afirmação de regozijo pelo fato de que o tsunami havia unido nações e religiões. Pela primeira vez, o programa *Songs of Praise* foi conduzido por um cristão, um mulá muçulmano, um sacerdote hindu e um monge budista, e os cânticos de louvor vieram de todas essas religiões. Todo o programa foi uma celebração da "unidade" promovida no mundo pelo tsunami. Com toda a sinceridade, preciso lhe dizer que tenho sentimentos contraditórios a esse respeito. O mundo, no entanto, adoraria ver as religiões mundiais unidas em favor das necessidades da raça humana. Lembro-me de ouvir um sermão do Duque de Edimburgo (a única vez que o ouvi pregar em uma igreja) e o tema era muito simples: um apelo à união entre as religiões do mundo a fim de salvar os animais selvagens e o nosso meio ambiente.

É o que muitos que estão na igreja hoje adorariam ver: o fim dos atritos e dos conflitos entre as diferentes religiões e uma união para suprir as necessidades da humanidade. Uma "religião humanitária" seria bem recebida pelo mundo. Mais adiante, analisaremos essa ideia em mais detalhes.

Esses, portanto, são os fatores que o público destaca como benefícios positivos. Mas o que eles expressam de fato? Estão tentando nos dizer que o bem resultante de um desastre justifica o mal ali presente? Estão realmente provando que Deus, de forma deliberada, fez algo mau com o objetivo de nos fazer o bem e despertar o que há de melhor em nossa natureza? Isso, de fato, acontece. Mas seria esse o propósito de Deus, e seria realmente necessário pagar um preço tão elevado? A perda de mais de 250 mil vidas na tentativa de tornar o restante do mundo um pouco melhor, produzindo o bem em nós? Não gosto dessa ideia. Não duvido, de forma alguma, que, quando há um desastre, as pessoas demonstram o melhor da sua natureza. Pelo menos, é o que muitos fazem. Alguns não. Mas a maioria, sim, e eu reconheço isso. No entanto, não creio que isso justifique o evento negativo, na verdade, isso nos leva a uma conclusão impressionante:

pensamos que somos melhores do que Deus, que Deus fez algo ruim, mas, como resultado, nós estamos fazendo muitas coisas boas. É quase indecente falar com Deus dessa forma, dizer-lhe, com efeito: "Deus, somos capazes de administrar o mundo muito melhor do que o senhor". Se estivéssemos no controle, não usaríamos esse método para despertar o melhor nas pessoas! Alguém me disse certa vez: "Sempre que você se queixa do clima, está reclamando da maneira como Deus administra o mundo". Aquilo realmente me chocou. Somos ótimos para criticar Deus. Temos uma visão elevada da nossa bondade e uma visão inferior da "maldade divina". Veremos adiante que, de fato, esse é exatamente o oposto da verdade. Se começarmos a pensar que somos muitos bons pela forma como agimos diante de um desastre e que Deus é muito mau por causá-lo, então, francamente, estamos lidando com um problema real ou, quem sabe, um engano.

3. Passamos agora à terceira explicação oferecida por alguns cristãos, e essa, de fato, é impressionante. Voltemos ao problema em sua forma mais simples:

Se Deus é o onipotente Deus, Todo-Poderoso, se Deus ama a todos e Deus é sempre bom, por que essas coisas acontecem? Elas não deveriam acontecer. Deus poderia impedi-las, mesmo que ele mesmo as tivesse provocado. E, de qualquer maneira, ele não deveria tê-las provocado.

Por trás da pergunta "Onde estava Deus quando tudo isso aconteceu?" há duas premissas: *Deus é Todo-Poderoso* e *Deus ama a todos*. Suponha agora que uma dessas afirmações, ou ambas, estejam erradas. O problema muda consideravelmente de forma. Se Deus não é Todo-Poderoso, então não há problema. Ele não poderia ter provocado ou impedido o fato. Se Deus não ama a todos, não há problema. Essa última resposta errada com a qual estou lidando aqui afirma que Deus não é Todo-Poderoso. Preciso lhe dar mais uma breve lição de filosofia, outra lição sobre dois -*ismos*, pois você pode acreditar em Deus de duas maneiras diferentes.

Existe o **teísmo**, filosofia bíblica segundo a qual Deus criou e controla nosso universo físico. Ele o criou no princípio e ainda o tem sob controle. Há, no entanto, outra filosofia, chamada **deísmo**. Um deísta acredita que Deus criou o mundo, mas não o controla mais. No deísmo, o mundo é visto desta forma: é como se o mundo que Deus criou fosse um grande relógio que precisasse de corda; Deus dá corda e então se afasta, deixando o relógio seguir funcionando da maneira como ele planejou, mas sem poder interferir no seu funcionamento. Não está mais sob seu controle.

Há muitos deístas até mesmo nas igrejas. Por exemplo, eles não creem em milagres, pois isso significaria a interferência de Deus no mecanismo do "relógio". Acreditava-se amplamente na tal perspectiva científica segundo a qual a natureza é um mecanismo, um sistema fechado, não subordinado à influência de ninguém. Funciona conforme leis próprias e inflexíveis, como a lei da gravidade – as leis da natureza. E hoje, o próprio Deus não pode intervir nessas leis. Deus, há muito tempo, criou a natureza. Ele deu corda, colocou-a em movimento e agora a natureza segue seu próprio caminho. Os deístas jamais pediriam a Deus que mudasse o tempo, por exemplo, porque diriam que ele não pode fazê-lo. As condições climáticas seguem segundo suas próprias e inflexíveis leis, e o próprio Deus não é suficientemente poderoso para intervir nelas ou alterá-las conforme sua vontade.

Entendo que esse ponto de vista dá origem a uma resposta equivocada ao problema. Veja o exemplo de um programa de TV, ao qual minha esposa e eu assistimos há alguns anos, intitulado *Credo*, que significa "eu creio". Era um episódio de uma série de mesmo nome sobre temas religiosos. O entrevistado era um bispo, presidente da Comissão da Igreja Anglicana, cuja tarefa era revisar a doutrina da Igreja, atualizando-a e adaptando-a à nossa era e perspectiva moderna. A entrevistadora, que não era cristã, perguntou ao bispo:

— O que o senhor pretende mudar no credo cristão da Igreja Anglicana?

O bispo respondeu abertamente:

— Devemos mudar nosso pensamento a respeito de Deus.

— De que forma? – ela perguntou.

Ele explicou:

— Devemos perceber que Deus é fraco – e, para enfatizar ainda mais sua afirmação, completou – "fraco como água".

A entrevistadora, perplexa, indagou:

— Bem, como o senhor imagina Deus? O que pensa dele?

E o prezado bispo respondeu:

— Penso que somos todos uma grande família, a raça humana, e essa família estendida tem uma avó. E embora toda a família trabalhe, enfrente dificuldades e se esforce para tornar a vida agradável, o amor da avó é o elemento que une a todos. Seu amor é a chave para a unidade familiar. Todos a amam e ela ama a todos enquanto eles trabalham.

Em total espanto, a entrevistadora afirmou:

— Mas eu pensei que Deus era um Pai e não uma avó.

Diante da ausência de qualquer sinal de constrangimento no entrevistado, ela perguntou:

— O senhor acha que essa visão de Deus fará com que as igrejas fiquem cheias novamente?

E ele teve a coragem de responder:

— Creio que o fato de perceberem o quanto Deus precisa delas realmente trará as pessoas de volta à igreja.

Para ele, a questão não era perceber o quanto elas precisam de Deus, mas sim o quanto Deus precisa delas!

Ele estava desenhando uma imagem de um deus fraco que amava a todos, mas que, por si mesmo, não poderia fazer muito, por isso contava conosco para ajudá-lo com os problemas que enfrentamos. Essa visão é relativamente nova, mas agora está bastante difundida.

Em outras palavras, quando indagarmos "Se Deus é Todo-Poderoso e ama a todos, como essas coisas podem acontecer?", a resposta será: "Ele *não* é Todo-Poderoso. É uma vítima desses desastres tanto quanto nós somos. Ele não pode evitá-los, e nós podemos ajudá-lo". É uma resposta realmente impressionante. Então você pode perguntar: "Qual é o sentido de tentar buscar a Deus quando há um desastre? Que ajuda ele poderia nos dar?". E a resposta dada é: "Ele pode *compadecer-se* de nós. Ele *sente* por nós". E citam um versículo do Antigo Testamento: "Em toda a aflição do seu povo ele também se afligiu". E oferecem essa "compaixão".

"Compaixão" vem do latim *compassio*, que significa partilhar da dor de outra pessoa. É sofrer com o outro. É o mesmo que afirmar: "Eu realmente sinto por você". Esse é o consolo que até mesmo os pregadores cristãos oferecem. Deus está sofrendo com você. Ele sente por você. Portanto, ele lhe concederá o sustento emocional; por estar presente no seu sofrimento, ele estará ao seu lado e sofrerá com você.

Ouvi muitos pregadores falando dessa forma após um desastre natural: "Creia que Deus está com você no sofrimento". É como se afirmassem: "Creia que ele está ao seu lado, em solidariedade, e essa solidariedade deve ser o consolo de que você precisa". Penso, contudo, que seja uma afirmação terrivelmente equivocada, porque a Bíblia não retrata Deus como um deus fraco que nada pode fazer a respeito da situação. A Bíblia nos fala de forma bastante clara que Deus é o Deus Todo-Poderoso, Criador do céu e da terra, que ele ainda controla sua criação e ainda pode intervir na natureza e levá-la a fazer o que, de outra forma, não faria.

Na Bíblia, a imagem de Deus e do universo assemelha-se a um diretor que elabora um cronograma escolar no início do semestre e determina que, nas manhãs de terça, às 10 horas, haverá aula de francês. No entanto, sendo o diretor, ele pode, em qualquer terça-feira, determinar que a aula das 10 horas não seja de francês, mas sim de matemática. Ele é o diretor da escola. Ele está no controle. E embora elabore esses cronogramas visando um comportamento regular, ele pode, a qualquer momento, mudá-los. Pode intervir e exercer sua autoridade.

Isso ilustra a imagem que temos de Deus e da natureza na Bíblia. Ele determinou as leis da natureza, por assim dizer, e um "cronograma" que estabelece a forma como ela funciona. A Bíblia, contudo, também nos diz que Deus é capaz, a qualquer momento, de intervir e fazer com a natureza algo que a natureza não faria consigo própria: ele pode operar milagres; e, de fato, ele opera milagres. Isso pode ser contrário às "leis" da natureza. Jesus andando sobre as águas contraria a lei da gravidade, mas foi o que ele fez. Trata-se de uma imagem de Deus que se diferencia muito daquela imagem de um deus fraco, que pouco pode fazer além de compadecer-se de nós e dizer: "Bem, estou com você, estou ao seu lado". Essa imagem é totalmente contrária à minha compreensão da Bíblia.

Talvez devêssemos estar indagando se acertamos ao pensar em Deus como aquele que ama a todos. Já tentei lhe dizer que são apenas essas duas premissas que criam o problema. Somente os que pensam que Deus *é Todo-Poderoso e Deus ama a todos* é que têm o problema. De certo modo, portanto, qualquer pessoa que perguntar "O que Deus estava fazendo quando aconteceu o desastre?" já parte dessas duas premissas. Já lhes disse que a premissa de que Deus não é Todo-Poderoso é equivocada. (Isto é, se você acredita que a Bíblia é a Palavra de Deus.)

Na verdade, agora estamos diante de outra premissa e teremos de questioná-la. Deus ama a todos? O que queremos dizer com essa afirmação? Ela é verdadeira? Já afirmei antes que todas as religiões do mundo podem estar erradas, mas somente uma delas pode estar certa. Isso acontece porque as religiões têm uma variação tão ampla em relação à sua crença de quem Deus realmente é que acabam contradizendo uma à outra. Não é possível unificar todas as religiões do mundo. Simplesmente não é possível. Elas têm visões completamente distintas de Deus.

A pergunta, portanto, é: "Qual é a visão real?" ou "Qual é o único Deus verdadeiro?". A Bíblia afirma que nos revela o único Deus verdadeiro. E, tanto na língua hebraica quanto na grega, o termo usado para *verdadeiro* e *real* é o mesmo. Desse modo, a Bíblia afirma que nos apresenta *o único Deus verdadeiro, não há nenhum outro*.

É por essa razão que digo que todas as religiões do mundo podem estar equivocadas a respeito de Deus, mas somente uma delas pode estar certa, e cada um de nós tem uma decisão importante a tomar: em qual Deus creremos de fato? Qual é o único "Deus" verdadeiro? Estamos falando sobre o Deus que criou e controla o universo e ainda pode fazer tudo o que deseja. O Deus Todo-Poderoso.

Mas ele ama a todos? Certa pesquisa de opinião conduzida na Inglaterra há alguns anos perguntava: "Você acredita em Deus?". Aproximadamente 67% afirmaram que acreditavam em Deus. Essa estatística, contudo, é irrelevante. A resposta deveria ser seguida pela pergunta: "Em que tipo de Deus você acredita?". Como ele verdadeiramente é? Ele ama a todos?

Mais adiante examinaremos esse ponto em mais detalhes. No momento, há algumas perguntas a fazer: "De que forma podemos descobrir como Deus realmente é? Como é o seu caráter? Que tipo de personalidade ele tem? Que tipo de Deus ele é? Como vamos descobrir?".

De que maneira você poderia descobrir como eu sou? Ouvindo minhas palavras e observando meus atos. Espero que você encontre coerência entre minhas palavras e minhas ações. Gostaria que você percebesse a semelhança entre o que David Pawson diz e o que ele faz, que sua personalidade é coerente, que ele tem integridade. Bem, Deus tem essa integridade. Não há nenhuma contradição entre o que Deus diz e o que ele faz. E nós, cristãos, cremos no Deus *vivo*, o que significa que ele está neste mundo, falando e agindo. A Bíblia é o registro do que Deus disse e fez em nossa realidade de tempo e espaço. E, ao estudarmos seus feitos e suas palavras (que, geralmente, explicam seus feitos e nos revelam a razão por trás de seus atos), podemos conhecê-lo como ele realmente é. E teremos algumas surpresas – algumas até chocantes. *Vamos descobrir que ele nem sempre se porta de uma maneira que podemos considerar amável.*

Devemos perguntar: "O que a Bíblia afirma a respeito de Deus? Ele é mau, bom ou uma mistura de ambos? Como ele verdadeiramente é?". E então devemos perguntar: "O que Deus afirma a nosso respeito?". Espero que cheguemos à conclusão de que Deus é muito melhor do que pensávamos que ele era, e que somos muito piores do que acreditávamos ser. Devemos indagar o que Deus está nos revelando a respeito do futuro. Descobriremos que, entre tudo o que ele está nos dizendo, ele afirma que os terremotos aumentarão em alcance e força, e devemos perguntar o que a Bíblia afirma sobre terremotos em especial.

Observamos anteriormente que uma das necessidades que vêm à tona após um desastre natural é a *intelectual*. Nossa mente precisa lidar com o acontecido. Temos perguntas a fazer.

A primeira pergunta que fazemos é: "Como aconteceu?

O que provocou o desastre?". Se pudermos entender o que o causou, então, talvez, possamos evitar o perigo ou até preveni-lo no futuro. A ciência, portanto, deve oferecer a resposta à pergunta: "Como?". No entanto, há uma pergunta ainda mais abrangente a considerar: "Por quê?". A ciência não pode nos dizer o porquê. A ciência pode nos revelar como o universo começou, como surgimos aqui, porém não pode explicar por que o universo está aqui e por que nós estamos aqui. Entramos no campo da filosofia e da religião quando buscamos a razão pela qual as coisas acontecem.

Precisamos de uma resposta à pergunta "Por quê?" que nos satisfaça duplamente. Precisamos satisfazer nossa *mente* e nossa *consciência*. A mente busca uma resposta racional e a consciência busca uma resposta moral para a razão pela qual essas coisas acontecem. Em outras palavras, não precisamos apenas de uma razão, mas de uma boa razão, para que consideremos a resposta satisfatória. Suponha, por exemplo, que eu lhe dissesse que Deus inseriu na natureza um mecanismo que restringe a população mundial e ajuda a garantir a provisão de alimento ao restante da população, e que eventos como os tsunamis sejam deliberadamente causados com o intuito de reduzir a população e mantê-la em proporções controláveis. Seria uma resposta racional. É uma razão. No entanto, ela causa uma revolta em nós. Não é o que consideraríamos uma boa razão. Não é uma razão moral. Na verdade, há mais de duzentos anos, um clérigo chamado Malthus escreveu um livro sobre o tema e afirmou que a pobreza, a enfermidade e as guerras são todas projetadas para impedir o descontrole da explosão populacional. Não concordo com isso. A explicação pode satisfazer a razão, porém não satisfaz a consciência.

Vamos recapitular nossa discussão até agora. Já defini a questão cuidadosamente, destacando que o problema em relação aos desastres naturais surge apenas quando se parte de três premissas pré-concebidas. A primeira é que há somente um Deus. Caso existam muitos deuses, ou não exista deus algum, o problema não existe. Mas se você acredita que há somente um Deus, então você tem um problema. A segunda premissa é que ele é Todo-Poderoso e que pode controlar o que criou, que a natureza está sob seu governo. E a terceira premissa é que Deus ama a todos. Também mencionei três respostas que são oferecidas pelos cristãos – respostas nada satisfatórias oferecidas pela Igreja. A primeira delas é que esse sofrimento é um completo mistério. Ninguém entende por quê. Deus não nos revelou. A única coisa que podemos fazer diante de tais desastres é afirmar que essa é a vontade de Deus e que devemos nos "submeter" a ela. Apenas entraremos em pânico se tentarmos descobrir o porquê. O sofrimento é um mistério. Não o compreendemos. Talvez um dia venhamos a compreendê-lo, mas, hoje, não conseguimos. Essa não é uma resposta satisfatória. Induz a mente e a consciência a buscarem mais respostas.

A segunda resposta equivocada que mencionei afirma que tais desastres produzem o bem – muitos atos de bondade. Pense em quantas pessoas egoístas e gananciosas do mundo passam, repentinamente, a agir de forma altruísta, importando-se com os outros. Alguns desastres produziram muita bondade. Isso, contudo, não justifica o evento trágico que motivou tal benevolência por parte das pessoas. Na verdade, se você pensar dessa forma, chegará à conclusão de que nós, seres humanos, somos muito melhores do que Deus. Ele provocou o desastre, e nós, como consequência, nos tornamos bons ao ajudarmos uns aos outros. É considerável o número de pessoas que acredita que somos melhores do que Deus e que poderíamos gerir o mundo com mais competência do que ele, se apenas estivéssemos no controle. Essa, portanto, também não é uma resposta satisfatória. A grande quantidade de boas ações decorrentes de um desastre não justifica o desastre.

A terceira resposta equivocada que mencionei é impressionante: o próprio Deus é fraco demais para impedir que tais eventos ocorram, e tudo o que ele pode oferecer é solidariedade, apoio e sua presença ao nosso lado, demonstrando sua compaixão. Ele é uma vítima dos desastres naturais tanto quanto nós. É, de fato, espantoso que os líderes cristãos ensinem algo tão surpreendente: Deus é fraco. Todos sabem que "Deus (é) Todo-Poderoso", pois o termo é usado de forma excessivamente usual como uma expressão sem sentido, que transmite surpresa e assombro. Mas se é verdade que Deus é poderoso (e bom), nosso problema é este: por que ele permite que um desastre natural ocorra? Por que ele o causa? Por que ele não o impede?

Vamos ver o que a Bíblia diz. Até este ponto da nossa discussão, não recorremos muito a ela, mas sou cristão e ela é a máxima autoridade sobre meu ensino. Creio que a Bíblia é a Palavra de Deus e que ela nos oferece a melhor explicação – melhor do que quaisquer outros textos ou religiões. Acredito que ela explique o nosso universo da melhor forma – de onde ele veio e como terminará. A Bíblia oferece a melhor explicação a respeito do futuro e, acima de tudo, tem muito a nos dizer sobre os desastres naturais. Alegra-me que a Bíblia seja um livro sobre fatos. Ela fala sobre Deus – o Deus vivo.

Houve um movimento, alguns anos atrás, que afirmava que Deus está morto. As pessoas que acreditavam nisso, contudo, não estavam anunciando que ele havia deixado de existir. Diziam apenas que ele não estava mais presente. Talvez esteja vivo em algum outro universo, mas não está mais ativo em nosso mundo hoje. Já esteve, mas hoje não está. A verdade, no entanto, é que a Bíblia afirma que Deus está ativo aqui e agora em nosso pequeno mundo, em nossa realidade de tempo e espaço. Isso explica a grande quantidade de dados históricos e geográficos encontrada na Bíblia. Ela fala de pessoas reais, que viveram no tempo e no espaço. Hoje, ainda é possível visitar os lugares mencionados na Bíblia. É um livro que fala sobre a realidade, e que, na verdade, afirma nos contar as palavras e os atos de Deus em nosso mundo. É o que queremos dizer por Deus vivo – alguém que age (e fala) neste mundo, assim como nós. A Bíblia é um registro de suas palavras, de seus feitos, de seus milagres e de sua mensagem para nós. Temos aqui, portanto, um livro por meio do qual podemos conhecer a Deus, e que de fato nos fala sobre o único Deus verdadeiro. Já observamos que, no hebraico e no grego, as duas línguas nas quais a Bíblia foi escrita, a mesma palavra expressa "verdadeiro" e "real". O que é real é verdadeiro e o que é verdadeiro é real. Desse modo, a Bíblia afirma nos revelar o *único Deus verdadeiro* – o único que realmente existe. Ela nos conta como ele é. Essa é a questão em que devemos nos concentrar: "Como Deus verdadeiramente é?".

Vamos refletir sobre o que a Bíblia afirma a respeito da natureza. Ela não faz menção aos tsunamis, mas fala do que aconteceu na face terrestre, não nos oceanos (com uma possível exceção, que mencionarei adiante). Ela fala, sim, sobre a causa dos tsunamis. A Bíblia tem muito a dizer sobre terremotos, sendo que muitos deles estão presentes nos registros históricos desse livro. Isso ocorre principalmente porque a maior parte da Bíblia relata eventos que aconteceram em uma zona propensa a terremotos. A maior fenda na crosta terrestre se estende desde a Síria até a terra de Israel, passando pelo chamado vale de Aravá até o mar Vermelho. Continua ao longo do Golfo de Aqaba, dividindo a Etiópia; depois segue para Uganda e Quênia, onde se separa em duas e, depois, une-se novamente e termina em Moçambique. Trata-se da maior fenda na crosta terrestre, que, na verdade, corresponde a duas fendas. O território entre elas cedeu, dando origem ao grande vale do Rift, como é chamado, área constantemente sujeita tanto a leves tremores como a terremotos de grande magnitude. Fica exatamente no lugar com maior incidência de abalos sísmicos.

Alguns dos terremotos mencionados são simplesmente eventos naturais. Muitos deles, porém, nós chamamos de "eventos sobrenaturais", pois foram causados diretamente por Deus. Questiona-se, então, qual é o relacionamento entre Deus e a natureza. Ele controla tudo o que acontece na natureza – cada leve sopro de vento, cada floco de neve que cai? É ele quem liga e desliga tudo isso? Não é bem assim. Vamos recordar a ilustração do diretor e seu cronograma de aulas e expandi-la um pouco mais. No início do semestre, o diretor pode elaborar o cronograma escolar e determinar que todas as terças pela manhã, às 10 horas, haverá aula de francês. Como diretor, no entanto, ele tem o poder e a autoridade de intervir a qualquer momento e alterar o cronograma, programando algo diferente. Portanto, ele pode intervir em uma terça-feira e decidir que a aula das 10 não será de francês, mas sim de matemática. Grosso modo, é assim que a Bíblia retrata o relacionamento entre Deus e a natureza. Ele elaborou um cronograma para a natureza e, de modo geral, permite que ela siga conforme esse cronograma (o que chamamos de "leis da natureza"), mas ele tem o poder e a autoridade para intervir a qualquer momento e mudar isso. Quando ele o faz, ocorre o que chamamos de "milagre".

É por essa razão que afirmamos que alguns dos terremotos e tremores no Oriente Médio devem-se à intervenção de Deus. Não são simplesmente naturais, mas controlados de forma sobrenatural, e sempre estão relacionados a algum evento crucial e significativo na história do povo escolhido de Deus. Veja, por exemplo, o terremoto que destruiu Sodoma e Gomorra. Foi um evento ao mesmo tempo "natural" e "sobrenatural". A ira de Deus manifestou-se ali, destruindo não apenas duas, mas quatro cidades naquele terremoto. Lemos, então, sobre outro terremoto, quando Deus apareceu a Moisés no cume do monte Sinai e lhe outorgou os Dez Mandamentos. Foi um momento crucial. O povo de Deus estava acampado ao pé do monte e havia sido instruído a não se aproximar: "Este lugar é terra santa. Moisés, você pode vir e falar comigo, mas não permita que o povo se aproxime". Uma das razões pelas quais eles se mantiveram afastados foi um terremoto que abalou a montanha e veio acompanhado de fogo e fumaça, o que parece indicar algum tipo de erupção vulcânica. Foi uma demonstração do poder divino. Era Deus sendo Deus, e o temor de Deus veio sobre o povo.

E, à medida que prosseguimos, encontramos outros terremotos. Um deles ocorreu durante o reinado de Saul, e outro na época do profeta Elias. O mais grave terremoto registrado no Antigo Testamento aconteceu durante o reinado de um rei chamado Uzias. O profeta Amós o interpretou claramente como um ato de juízo da parte de Deus sobre o povo. Deus castigou o povo por sua conduta ímpia, para que se lembrassem de como deveriam viver. É interessante que, séculos depois, Sofonias, outro profeta, menciona esse terremoto.

Quando nos voltamos para a vida de Jesus, descobrimos que todo o universo parece ter sido afetado por sua vinda. Seu nascimento é marcado por uma estrela no céu. Já me perguntaram: "Isso não é astrologia? Não é fundamento para a astrologia?". Respondo que não. A astrologia acredita que a posição dos astros no momento do nascimento de um bebê influencia o caráter da criança. Em Belém, no entanto, foi a posição do bebê que influenciou os astros. Algo bem diferente.

Quando Jesus morreu, a Terra tremeu e o Sol ficou encoberto durante três horas. A cruz estava sobre um suporte na rocha e, a certa altura, a rocha tremeu balançando a cruz. Foi o que levou um oficial do exército romano a exclamar: "Realmente este homem era o Filho de Deus!". Ele reconheceu no tremor da rocha sobre a qual estava a cruz a reação de Deus pela crucificação de seu Filho. Três dias e três noites depois, ocorreu o evento mais extraordinário, jamais visto em qualquer outro ser humano, antes ou depois. Jesus voltou à vida com um novo corpo. A Bíblia afirma mais uma vez que um terremoto marcou o acontecimento. Ao destacar o evento na natureza, Deus estava enfatizando sua importância.

À medida que folheamos as páginas do Novo Testamento, encontramos Paulo e Silas na prisão, cantando hinos à meia-noite. Eles estavam louvando a Deus, muito embora estivessem acorrentados, trancados na escuridão de uma masmorra. Como Deus respondeu ao seu louvor? Fez tremer a cidade, as portas da prisão se abriram, libertando Paulo, Silas e outros prisioneiros. A consequência foi a conversão do carcereiro. Ele jamais vira algo semelhante. Ficou absolutamente chocado com tudo aquilo. Mas pelo menos seu coração abriu-se para refletir a respeito de Deus.

No fim da Bíblia, encontramos previsões de um aumento no número e na escala dos terremotos, cujo poder de destruição será cada vez maior. O fim desta era será marcado pelo maior terremoto de todos os tempos, que abalará todos os cantos da Terra. A Bíblia, então, atribui alguns dos terremotos que acontecerão naqueles dias à intervenção direta de Deus, com o intuito de demonstrar seu poder, expressar sua ira ou simplesmente marcar sua presença, mostrando que o Deus Criador de todas as coisas agora está aqui, com seu povo.

Uma demonstração, portanto, da ira e do poder de Deus. Chamamos isso de teísmo – *quando Deus controla o que criou*. Desse modo, alguns eventos podem ser chamados de naturais e outros de sobrenaturais (o que os agentes das seguradoras chamam de "ato de Deus"). A essa altura, algumas perguntas honestas precisam ser feitas. Vamos expor o problema novamente. Se Deus é Todo-Poderoso, pode todas as coisas, ama a todos e é o único Deus, então, francamente, temos um grande problema. Por que ele causa (ou apenas permite) esses desastres naturais que ceifam um número terrível de vidas e geram incontáveis danos? Por quê? Bem, já vimos que, segundo a Bíblia, devemos aceitar que Deus é Todo-Poderoso. Ele é capaz de provocar e de impedir esses eventos. Então, por que os causa? Devemos voltar nossa atenção a outra premissa: que Deus ama a todos. E devemos questioná-la com seriedade. Eu sei que, há um século, a pregação pública da Igreja tem enfatizado o amor de Deus. A mensagem que transmitimos ao mundo é: "Deus é amor e Deus ama você". Creio que esse tenha sido um terrível equívoco da nossa parte, algo que não deveríamos fazer. Peço desculpas por todos os pregadores que lhe disseram: "Deus é amor e Deus ama você".

É possível que essa afirmação seja chocante para alguns leitores, mas gostaria de embasá-la. Quando buscamos na Bíblia a resposta sobre quem Deus realmente é, encontramos alguns fatos bastante surpreendentes. Quero apresentá-los a vocês. Eles certamente os farão refletir, e não peço desculpas por isso. Devemos amar a Deus com todo o nosso coração, com todas as nossas forças e com todo o nosso entendimento. Entretanto, a região menos explorada do mundo é aquela que fica entre as suas orelhas. Poucos de nós usamos a capacidade total do cérebro que Deus nos concedeu para descobrir a verdade. Então, qual é a verdade a respeito de Deus? Como eu já disse, há um século os cristãos pregam o amor de Deus, o que me leva a perguntar: "Como a mensagem tem sido ouvida? Como ela tem sido recebida? O que foi transmitido às pessoas que a ouviram?". Minha resposta, em poucas palavras, é que essa mensagem nos levou a ter uma visão sentimental e não bíblica de Deus. Possibilitou que as pessoas construíssem em sua mente uma imagem de sua percepção de Deus, em vez de aceitar aquela que é revelada nas Escrituras. Deixe-me explicar o que quero dizer. Quando afirmamos que ele é um Deus de amor, como o mundo recebe essa mensagem? Vou lhe dizer. O mundo entende que Deus nos ama tanto que jamais causaria dor ou sofrimento a alguém – ele não faria mal a uma mosca; que Deus nos ama tanto que o único intuito de sua existência é nos proteger de toda dor e sofrimento e suprir todas as nossas necessidades; em suma, ele existe para nos fazer felizes. É claro que, para ser feliz, você precisa de duas coisas, no mínimo: saúde física e saúde financeira. Presume-se, portanto, que Deus existe para nos poupar da enfermidade e da pobreza, e ele não deveria permitir que algo que pudesse nos causar dor sequer se aproximasse de nós, mas deveria concentrar-se apenas em nos conceder o que nos traz prazer.

Deus existe, portanto, para afastar de mim o sofrimento e me proporcionar somente bem-estar e prazer. Esse é o conceito que permanece na mente de muitos quando ouvem falar do "Deus de amor". Ele existe para nos servir dessa forma. E, francamente, se ele não agir assim, nós o demitimos. Nós o mandamos embora. Declaramos: "Já chega desse Deus". Conheci muitas pessoas que falam dessa forma. Elas dizem: "Eu acreditaria em Deus se ele não tivesse permitido que isso acontecesse a mim ou à minha família – aos meus parentes, aos meus amigos, a quem quer que seja". Portanto, isso me deixa quites com Deus. Eles dizem: "Se Deus não mantiver a dor e o sofrimento distantes de mim, se não me proporcionar bem-estar, conforto e segurança, então não quero nada com ele".

É isso que muitas pessoas pensam quando afirmam que ele é um Deus de amor. Por essa razão, deixei de usar essa expressão, pois não corresponde à forma como Deus é retratado na Bíblia. Na verdade, está bem distante da imagem bíblica de Deus. Na Bíblia, ele causa dor e sofrimento. Ele não nos proporciona apenas conforto, segurança e bem-estar. Esse não é o verdadeiro Deus. A imagem de Deus na Bíblia não corresponde à forma como gostamos de pensar que ele seja. A Bíblia chama de idolatria esse tipo de pensamento, pois um ídolo nada mais é do que a sua própria ideia sobre Deus, algo que você mesmo elaborou, quer tenha construído em pedra ou apenas em sua mente. Posso criar um Deus e afirmar: "Essa é a minha ideia de como Deus deveria ser; é o tipo de deus que me agrada; é o tipo de deus que desejo que Deus seja". No entanto, não podemos manipular Deus. Deus é o que realmente é, e temos de descobrir como ele realmente é antes de fazer esse tipo de suposição a respeito de sua natureza. Vamos, então, recorrer à Bíblia. Não é de admirar que, se aceitamos essa visão sentimental de Deus, temos problemas quando os desastres naturais acontecem. E por isso perguntamos: "Por que ele permite que as pessoas sofram? Um Deus de amor não deveria agir dessa maneira!". Portanto, antes de chegarmos a uma verdadeira resposta à pergunta que estamos discutindo, precisamos indagar como Deus verdadeiramente é.

Então recorremos à Bíblia, e começo com o que a Bíblia afirma a respeito do amor de Deus. Aqui, temos algumas surpresas. Peço que você confira tudo isso em sua própria Bíblia; que verifique tudo o que afirmo. Não quero que você aceite a minha opinião, quero que descubra se o que estou falando está em sua Bíblia. Se estiver, você pode dizer: "Foi a Bíblia que me disse". Não diga "David Pawson me disse". Estou apenas compartilhando meu entendimento da Bíblia, mas quero que você verifique tudo. Consulte sua Bíblia. Leia sua Bíblia. Estude-a e descubra se estou lhe dizendo a verdade sobre isso, de acordo com a Palavra de Deus.

Quero fazer uma pequena observação aqui. Você pode

comprovar na Bíblia praticamente tudo o que desejar se concentrar-se apenas em trechos isolados: pegar um versículo pontualmente aqui e outro versículo ali, sem seu respectivo contexto. Dessa forma, seria possível comprovar qualquer coisa. Eu me refiro, contudo, a encarar a Bíblia em sua completude – a imagem de Deus como um todo, conforme a Bíblia, em sua totalidade, a apresenta.

Aqui está uma primeira surpresa para você. A Bíblia fala muito, muito pouco a respeito do amor de Deus. Sim, ela menciona esse amor, mas, de um total de 35 mil versículos que existem na Bíblia, apenas 35, aproximadamente, falam de forma explícita e direta sobre o amor de Deus. É uma porcentagem muito pequena. A maioria dos livros da Bíblia sequer menciona o amor de Deus, e aqueles que mencionam, o fazem em apenas um ou dois versículos. Gênesis não fala nada sobre o amor de Deus. Êxodo tem um versículo sobre isso. Levítico, nada. Números, nada. Deuteronômio tem apenas dois versículos sobre o amor de Deus. Josué, nada. Juízes, nada. 1 e 2 Samuel, nada. 1 e 2 Reis, nada. E eu poderia continuar. De fato, na Bíblia há poucas referências ao amor de Deus. Por que, então, a Igreja tornou essa a sua mensagem principal? Talvez porque tenhamos cedido à tentação de dizer às pessoas o que elas desejam ouvir, em vez de lhes dizer a verdade.

Se a primeira surpresa é saber que a Bíblia fala muito pouco sobre o amor de Deus, a segunda surpresa é esta: esse tema, na verdade, jamais foi abordado em público. Sempre que os judeus do Antigo Testamento falavam sobre o amor de Deus, eles o faziam a outros judeus. Nunca falavam a outras pessoas [aos gentios] sobre o amor de Deus. Os profetas judeus frequentemente se dirigiam a outras nações, mas nada lhes diziam a respeito do amor de Deus. Era um tipo de conversa "privada", entre judeus somente. Quando chegamos ao Novo Testamento, descobrimos que o mesmo é verdadeiro a respeito dos primeiros cristãos. Eles jamais falavam sobre o amor de Deus aos que não eram cristãos. Era algo que mantinham entre si. É, de fato, uma grande surpresa que a Igreja fale muito pouco sobre outros temas. No entanto, nem Jesus, nem seus apóstolos jamais pregaram em público sobre o amor de Deus. Veja Atos dos apóstolos. É um livro que aborda a forma como a igreja primitiva evangelizava – a maneira como a igreja se espalhou pelo Mundo Mediterrâneo; a forma como pregavam aos judeus e aos gentios, e muitos vieram a crer. Não há, contudo, um versículo sequer que mencione o amor de Deus. É admirável que a igreja primitiva tenha crescido e se espalhado sem ter pregado sobre o amor de Deus!

Essa, portanto, é a segunda surpresa. Por que, então, judeus e cristãos conversavam sobre o amor de Deus apenas entre si, de modo que todas as menções nas Escrituras estão presentes em conversas particulares e não em pregações públicas? A resposta é muito simples: tanto judeus quanto cristãos haviam sido resgatados por Deus. Eles sentiam como se tivessem sido abençoados por Deus de uma forma incomum e inédita. Estavam muito gratos; cientes de que não eram merecedores, mas agora podiam entender o grande amor de Deus por eles. Em outras palavras, somente aqueles que foram resgatados por Deus (ou, na linguagem bíblica, aqueles que foram redimidos) podem entender que tipo de amor Deus tem.

Isso me leva a um terceiro fato da nossa Bíblia: quando se referiam a Deus, eles eram muito cautelosos em usar palavras especiais para referir-se ao amor, palavras diferentes daquelas usadas a respeito do amor entre seres humanos. Vou lhes dar uma breve aula de grego. Desculpem-me por usar termos técnicos, mas a língua grega tem três vocábulos conceituais que descrevem três tipos de "amor". Não precisamos nos aprofundar nas questões técnicas, mas as palavras são: *eros, phileo* e *ágape*. Esses eram os três tipos de amor, dois dos quais a maioria dos seres humanos entende, mas o terceiro tipo é compreendido por muito poucos. A terceira palavra era raramente usada no Mundo Antigo, pois tratava-se de um tipo quase desconhecido de amor, e os cristãos se apropriaram dessa palavra para descrever o amor de Deus, demonstrando como era diferente do amor que sentimos.

Vamos analisar brevemente as três palavras: *eros*, *phileo* e *ágape*. *Eros* é principalmente um amor do coração, das emoções. É um amor de *atração* – quando você olha para uma pessoa e sente-se atraído por ela. Isso explica por que a palavra é usada com tanta frequência em referência ao amor sexual. É um amor de atração. Olhares que se encontram em uma sala cheia. Um tipo involuntário de amor, impossível de evitar. Você passa a sentir e deixa de senti-lo. Seu coração assume o comando e você se apaixona.

Em seguida, temos o *phileo*. É o amor da *afeição*, não tanto da atração. É atração em parte, mas é principalmente uma afeição, um amor da mente. Duas mentes se encontram, descobrem que têm muito em comum e se conectam rapidamente. É algo parcialmente involuntário, pois você conhece alguém e sente-se atraído por sua mente. Há muito em comum entre ambos. No entanto, trata-se também de um amor voluntário, porque você escolhe seus amigos e pode decidir qual relacionamento preservar e qual abandonar.

Então, chegamos a *ágape*, que é o amor da *ação*. É fazer algo bom para ajudar alguém. É o amor da vontade, é completamente voluntário, algo que você *escolhe fazer*. Quando conhece alguém que tem uma necessidade, você pode ignorar essa necessidade ou pode escolher fazer algo para supri-la. Esse é o amor *ágape*.

Como ilustração, lembramos de quando uma pessoa procurou Jesus e lhe perguntou: "Como posso amar meu próximo [...] quem é o meu próximo?", e Jesus lhe contou a história do bom samaritano. Certo judeu caiu nas mãos de assaltantes e foi espancado. Havia sido roubado e estava ensanguentado, caído na beira da estrada. Um sacerdote vinha caminhando pela estrada e, ao ver o homem, passou pelo outro lado. Outro sacerdote, pouco depois, fez o mesmo. Havia um samaritano, no entanto, que, segundo a tradição, não gostava dos judeus e de quem os judeus também não gostavam. Não havia no coração do samaritano o amor da atração por um judeu ensanguentado, caído na beira da estrada. Não havia o amor da afeição. A forma de pensar de ambos, judeus e samaritanos, era muito distinta. Não havia afeição mútua. Eles não gostavam uns dos outros. O samaritano, contudo, fez algo bom para suprir uma necessidade imediata daquele homem. É o que Jesus chama de amor. Não é um amor de atração ou de afeição, quando você *gosta* de alguém. Não significa desejar ou gostar de alguém, mas sim fazer algo para ajudá-lo. É o amor prático, o amor em ação.

Em Picadilly Circus, na região central de Londres, há uma estátua. Você sabe o nome dela? Apesar de ser conhecida como "Eros", esse não é seu nome. Ela tem sido chamada dessa forma porque, se não prestamos muita atenção à figura retratada, pensamos tratar-se do cupido, com seu arco e flecha. Por essa razão, obviamente, ela é chamada de "Eros", que é o amor (ou até o desejo) da atração, especialmente sexual. É claro que tudo o que acontece nos arredores de Picadilly Circus e Soho condiz com a interpretação. A estátua, contudo, nada tem a ver com o tipo de amor *eros*. É uma estátua "ágape"! Foi erguida em homenagem a um homem chamado Anthony Ashley Cooper, mais conhecido como Lord Shaftesbury, que dedicou toda a sua vida para ajudar os pobres, melhorando as condições de trabalho em fábricas e minas de carvão. Foi alguém que contribuiu para suprir a necessidade de outras pessoas. Foi um homem tão admirado que seu nome está na Abadia de Westminster. Ele era estimado em todo o país, e seu funeral contou com a presença de figuras notáveis, pois todos reconheciam nele o "amor em ação". Lord Shaftesbury realizou muitas obras de cunho social durante toda a vida. Mesmo nascido em uma família rica da aristocracia, dedicou sua vida aos pobres, aos oprimidos, à classe trabalhadora. Por isso, a estátua foi erguida, e, se você ler a inscrição em sua base, nada encontrará de *eros* e *phileo*, mas verá muito amor *ágape*. Esse homem expressou o tipo de amor que Deus tem.

Essas são as surpresas encontradas na Bíblia a respeito do amor de Deus. O amor de Deus é raramente mencionado. É citado somente entre os que vivenciaram a ação de Deus ao serem redimidos e resgatados da escravidão (seja a escravidão no Egito seja a escravidão do pecado, que é a pior delas e uma condição na qual se encontram muitos de nós). Em suma, só entendem o amor de Deus aqueles que experimentaram o perdão. A Bíblia jamais afirma que "Deus ama a todos". Eu o desafio a encontrar na Bíblia uma única afirmação de que Deus ama a todos![1] A Igreja, contudo, tem ensinado dessa forma. Não é de estranhar que tenhamos de lidar com perguntas do tipo "Por que Deus permite o sofrimento?" ou "Como um Deus de amor pode mandar alguém para o inferno?". Nós mesmos provocamos esses desafios. Criamos o problema dizendo a todos que ele é um Deus de amor, que ama a todos. Isso não está na Bíblia.

---

[1] Algumas pessoas discordaram dessa afirmação e, sem exceção, contestaram dizendo: "E João 3.16?". Minha resposta está em uma publicação complementar a esta, intitulada *João 3.16 é a Síntese do Evangelho?*

4

MERECEMOS OS DESASTRES?

A Bíblia faz muitas afirmações a respeito de Deus que, na verdade, não parecem nada "amáveis". Ela diz, por exemplo, que Deus é muito longânimo e tardio para irar-se, mas as pessoas podem deixá-lo muito irado, e, eu lhe digo, quando Deus se ira com alguém, é melhor que essa pessoa saia da sua frente. Seria bom que sequer tivesse nascido. Meu Novo Testamento diz que é uma coisa terrível cair nas mãos do Deus vivo.

Veja, então, outro contraste. Deus se agrada de algumas pessoas, especialmente quando elas são boas, mas tem aversão a outras pessoas, e essa aversão está registrada na Bíblia. É chamada de "abominação". Deus pode ficar descontente com as pessoas. A Bíblia diz que ele abomina quando invertemos os sexos (masculino e feminino), pois ele nos criou para sermos diferentes, com papéis e responsabilidades distintas, e até mesmo as diferenças nas vestimentas e no corte de cabelo fazem parte da sua vontade. A confusão começa quando homens portam-se como mulheres, e mulheres portam-se como homens; quando homens vestem-se como mulheres, e mulheres vestem-se como homens; e quando homens mantêm relações sexuais com homens, e mulheres com mulheres; tudo isso é uma deturpação direta, segundo a Bíblia, da condição que Deus determinou para a prática do que existe de mais belo em nossa vida: o sexo. Quando Deus criou o sexo, ele disse: "Isso é muito bom". Era sua obra de arte. Homem e mulher ele nos criou, e essa deturpação é uma expressão de nossa rebeldia em relação à sua criação; Deus abomina esse tipo de comportamento.

Veja mais um contraste. A Bíblia afirma que Deus abençoa e amaldiçoa pessoas. Um Deus que abençoa e amaldiçoa. Amaldiçoar pessoas é uma forma de "amar"? Não no modo sentimental. Em Deuteronômio 28, Deus diz ao povo de Israel: "Eu os abençoarei se vocês andarem no meu caminho; caso contrário, eu os amaldiçoarei". E, no devido tempo, o povo experimentou tanto a bênção quanto a maldição.

Portanto, aprendemos na Bíblia que, apesar de ser longânimo, Deus pode irar-se profundamente; que ele ama e rejeita; que abençoa e amaldiçoa. Você sabia que há o mesmo número de versículos na Bíblia sobre o ódio de Deus e sobre o amor de Deus? São aproximadamente 30 referências ao amor de Deus e 30 referências ao ódio de Deus. Essa é a surpresa. Talvez você pense que o objeto do ódio de Deus seja o mal, mas não é assim. O mal existe apenas nas pessoas malignas, e entre as 30 referências bíblicas ao ódio de Deus, dez delas (ou um terço) referem-se ao ódio ao mal, enquanto dois terços afirmam especificamente que ele odeia as pessoas perversas. Imagino que você já tenha ouvido o clichê: "Deus odeia o pecado, mas ama o pecador". Isso não é bíblico. Ele odeia os pecadores também, se estes estiverem apegados ao seu pecado e dele não quiserem ser separados ou resgatados. Deus, portanto, odeia as pessoas assim como as ama. Ele é um Deus que pode nos curar, e um Deus que pode nos matar. Segundo a Bíblia, ele matou muitas, muitas pessoas. O mais importante, contudo, é que ele sempre tem uma razão para matar.

Antes de continuar a falar sobre o tema, vamos examinar essa aparente contradição: que Deus é longânimo e tardio em irar-se, mas pode ficar muito irado; que ele abençoa e amaldiçoa; que ele ama e rejeita; que ele cura e mata. A Bíblia oferece um retrato muito equilibrado dessas duas facetas do caráter de Deus. Isso quer dizer que Deus é tanto bom quanto mau? Significa que ele é temperamental? Que quando você orar, é bom encontrá-lo de bom humor? Então ele é esquizofrênico? Não. O que une em perfeita harmonia e coerência essas duas facetas de sua atuação? Você não pode afirmar que o elemento de ligação seja o amor, pois muitos desses atos nada têm de "amável" segundo a nossa compreensão do que é amor. Então, o que os une? A resposta se baseia na ideia de que Deus é bom. Mas até que ponto Deus é bom? Não conseguimos imaginar, porque, na realidade, é provável que você e eu jamais tenhamos conhecido uma pessoa verdadeiramente boa. Conhecemos pessoas que são uma mistura de bem e mal, pendendo mais para um lado do que para o outro, mas ninguém é bom como Deus. Na verdade, certa vez alguém procurou Jesus e lhe perguntou: "Bom mestre, o que farei para herdar a vida eterna?". E Jesus foi direto em sua resposta: "Por que você me chama bom? Não há ninguém que seja bom, a não ser somente Deus".

Por que Deus rejeita? Por que ele mata? Por que ele amaldiçoa? Porque ele é bom! Isso não faz sentido para nós porque não experimentamos a perfeita bondade, consequentemente, essa ideia está muito além do nosso entendimento. No entanto, Deus é tão bom que precisa odiar o mal. Ele é tão bom que precisa amaldiçoar as pessoas que não são boas. Ele é tão bom que precisa destruir os que são perversos. Isso, na verdade, explica muitos dos incidentes da Bíblia. Veja o dilúvio de Noé, por exemplo. A raça humana ia de mal a pior. A Bíblia menciona dois problemas: (1) o sexo pervertido e (2) a violência que dominava a terra. No mais triste versículo da Bíblia, Deus declarou: "Arrependo-me de ter feito o homem". Ouvi de alguns pais e mães: "Seria melhor que nunca tivéssemos tido filhos". Quando os filhos são muito rebeldes e insubordinados, desejamos jamais tê-los tido. Deus sentiu o mesmo certa vez. Ele se arrependeu de ter criado o homem.

Deus, então, decidiu destruir o homem e exterminou toda aquela geração. Foi terrível, mas Deus estava purificando sua terra daqueles que a poluíam moralmente. Ele havia criado uma terra boa, colocado nela pessoas boas, mas dera-lhes a liberdade de se tornarem más, e foi exatamente o que fizeram. Sua paciência, então, esgotou-se. Ele disse: "Não vou continuar lutando contra eles", e disse também: "Posso ver o que há em suas mentes e tudo o que vejo é horrível. Seus pensamentos são continuamente maus. Eles pensam constantemente no que é mau". Uma família, contudo, era boa. Havia pelo menos um bom homem e sua esposa, com três filhos e três noras, e todos eram bons. Deus disse: "Vou salvar essa família porque eles são bons. No entanto, preciso destruir os outros porque sou tão bom que não posso tolerar sua maldade".

O mesmo aconteceu quando os israelitas chegaram a Canaã. Muitos afirmam que Deus deve ser acusado de "limpeza étnica", pois ordenou aos israelitas que exterminassem todos os cananeus. A Bíblia, contudo, nos conta que Deus esperou trezentos anos até que a maldade dos cananeus chegasse ao ponto que eles não merecessem mais viver (Gênesis 15.16).

Em outras palavras, isso acontece porque Deus é bom. A palavra "bom", porém, está perdendo o seu sentido. Falamos em bom amigo, boas férias, boa refeição, tempo bom. O sentido é de algo que nos dá prazer. Mas, na verdade, a palavra "bom" deveria ser usada apenas em referência a Deus, afinal ele é o único, em todo o universo, que é verdadeiramente bom. E por isso ele precisa lidar com o mal. A palavra "bom", portanto, não é muito útil para se referir a Deus, e a Bíblia faz uso de outra palavra especial. Trata-se da palavra "justo". **Deus é justo**. Ele faz tudo com justiça. Ele é justo e reto de forma perfeita e absoluta. Você não pode suborná-lo. Não pode corrompê-lo. Não pode manipulá-lo. Ele sempre fará o que é absolutamente justo e bom. É bom ter um Deus assim, não acha? Será mesmo? O lado negativo de sua justiça significa que ele jamais poderá fazer algo errado. Ele não pode mentir. Não pode quebrar uma promessa. Não pode contar uma piada suja. Há muitas coisas que Deus não pode fazer e isso restringe o seu poder, pois ele não pode usá-lo para o mal. É contrário à sua natureza. Temos na Bíblia, portanto, a imagem de um Deus justo que, consequentemente, sempre nos trata com justiça. Por isso, segundo sua justa natureza, ele deve sempre punir o pecado. Deus não seria totalmente bom, nem totalmente justo, se negligenciasse a maldade, se jamais punisse o mal. Ele precisa fazê-lo. Ele é tão bom que não permitirá que ninguém saia impune do mal cometido. Novamente, acho que a notícia é boa. Isso significa que vivemos em um universo moral, que ninguém sairá impune de seus atos. Vemos que, no mundo de hoje, o crime compensa; dois terços dos crimes não serão detectados pela polícia, portanto não serão punidos nos tribunais – e muitos criminosos pensam que ficarão impunes. Mas preste atenção: Deus é justo! Ninguém ficará impune de seus atos. Todo pecado, crime e depravação deverão ser pagos, pois este universo está nas mãos de um Deus justo.

Mas vamos agora começar a caminhar para a conclusão dessa parte de nossa discussão. Farei duas afirmações a respeito de Deus que talvez o levem a uma profunda reflexão. A primeira é que um Deus justo não pode perdoar o pecado sem que antes ele seja pago, caso contrário, Deus não será totalmente justo. Ele precisa lidar com o que é mal. Os atos maus devem ser punidos e, um dia, banidos. Posso lhe dizer que Deus decidiu agir dessa forma. Ele já determinou um dia em seu calendário no qual cada ser humano deverá lhe prestar contas. Nesse dia, ele punirá os que fizeram o mal e recompensará aqueles que fizeram o bem. Qual é nossa parte nisso? É curioso que uma das fraquezas humanas seja acreditar que o outro é mau – que as outras pessoas são a causa de todos os problemas e de todo o sofrimento no mundo. Algumas pessoas me perguntam: "Por que Deus não destrói agora todos os que são maus? Por que ele simplesmente não se livra de todas as pessoas ruins do mundo?". Há uma premissa por trás dessas perguntas que considero interessante. As pessoas estão praticamente afirmando: "Se Deus eliminar os maus, então nós poderemos viver felizes, com tranquilidade e segurança". Devo lhe dizer solenemente, contudo, que se Deus resolvesse, hoje, destruir todos os que se dedicam a arruinar este mundo, não restaria ninguém. Não haveria um autor para escrever este livro e ninguém o estaria lendo, porque se Deus me tratasse como eu mereço, eu não estaria vivo, e a razão para isso não é porque eu seja terrivelmente mau. Mas sei que estou poluindo este mundo. Portanto, aqui está a primeira afirmação da nossa conclusão. *Deus, sendo justo, não pode perdoar o pecado a menos que ele já tenha sido pago, a menos que a punição pela maldade já tenha recaído sobre alguém.*

Espero que isso comece a lhe trazer algum esclarecimento. Se Deus dissesse a você e a mim: "Bem, vocês são assim mesmo, vou deixar passar dessa vez. Tentem não fazer novamente", seria imoral. Seria injusto. Não seria correto. Um Deus justo não poderia me dizer isso. O que ele poderia me dizer é: "Eu perdoo você porque alguém já pagou a pena em seu lugar".

A outra afirmação que eu gostaria de fazer para concluir é esta: um Deus justo não poderia punir o inocente, somente o culpado – e isso nos leva a indagar o que merecemos de fato. Mereço viver ou morrer? Quais de nós merecem morrer? Quais de nós merecem viver? Essas são as perguntas que pretendo abordar no próximo capítulo. Mais uma vez, no entanto, fica a reflexão: "Se Deus pune o culpado, por que seu único Filho enfrentou uma morte violenta e prematura?". Uma vítima inocente não merece uma morte violenta e prematura; e se já existiu uma pessoa inocente, essa pessoa era Jesus. Até mesmo seus inimigos admitiram que não encontraram nada de errado nele. Deus, contudo, impôs sobre ele uma morte violenta e prematura.

5.
OS DESASTRES CESSARÃO ALGUM DIA?

Pensamos novamente na questão central. Quando consideramos qualquer desastre natural significativo, é natural que perguntemos: "Qual foi a participação de Deus nisso?". A pergunta pode ser colocada dessa forma. Se há um Deus, e ele pode todas as coisas e ama a todos, como ele poderia permitir que algo tão terrível aconteça? No último capítulo, sugeri que talvez precisemos revisar nossa ideia sobre Deus. Busco na Bíblia uma resposta para essa questão como um todo, pois creio que a Bíblia é a Palavra de Deus e nos oferece a mais clara explicação para todos os nossos grandes questionamentos. Quando discutimos se Deus é Todo-Poderoso, decidimos que a resposta tem de ser "Sim, ele é". Ele criou a natureza e a controla, portanto pode impedir os desastres, assim como pode provocá-los. Mesmo assim, lembramos que há certas coisas que Deus não pode fazer: ele não pode mentir; não pode quebrar uma promessa. Certa vez comecei a listar tudo o que Deus não pode fazer e rapidamente cheguei a 30 itens, mas quando reli a lista descobri que eu mesmo havia feito muito do que Deus não pode fazer! Isso não me torna mais poderoso do que ele.

Agora, contudo, vamos examinar mais a fundo outro lado da questão. Quando consideramos que o Deus Todo-Poderoso é também um Deus de amor, que ama a todos, estamos conferindo-lhe uma designação que pode não refletir a verdade sobre quem ele é, pois a nossa perspectiva é muito mais sentimental do que bíblica. Descobrimos que certos atos de Deus não podem ser classificados como atos de amor.

Sim, ele perdoa, mas pune; ele abençoa, mas amaldiçoa. Ele cura e ele mata.

Consideramos se isso indica que há duas facetas do caráter de Deus (uma boa e uma má) ou se significa que ele é temperamental e, portanto, seria preciso encontrá-lo de bom humor para obter dele coisas boas (ele pode estar de mau humor). Já vimos que não é nada disso. Tenho tentado lhe mostrar que Deus é tão bom que é obrigado a agir dessa forma. Ele é tão bom que odeia o mal e odeia também os que praticam o mal. A Bíblia fala na mesma proporção do ódio e do amor de Deus. Isso acontece porque ele é bom, mas vimos que até mesmo a palavra "bom" está desgastada hoje. E nos lembramos de outro termo bíblico para referir-se a Deus: "justo". *Deus é tão justo que não pode fazer nada errado e tudo o que faz é certo.* Pode-se confiar totalmente que ele será justo; será reto, acima de qualquer manipulação, suborno ou corrupção. Ele é absolutamente bom, absolutamente justo. E isso explica muitas coisas a seu respeito. Estudando a minha Bíblia, cheguei à conclusão de que o Deus que conheço ama mais a sua justiça do que ama as pessoas. Talvez você fique chocado com essa afirmação, mas consulte a sua Bíblia e verifique se essa afirmação é verdadeira. Quando é preciso escolher entre sacrificar a justiça ou sacrificar as pessoas, ele prefere sacrificar as pessoas.

Vimos a prova disso na história de Noé e o dilúvio, um exemplo clássico de que Deus ama mais a sua justiça do que as pessoas, pois a geração de Noé, diz a Bíblia, era injusta. Viviam apenas para a comida, a bebida e o sexo; já estavam imersos na violência; e, finalmente, Deus viu que os pensamentos daquelas pessoas eram continuamente maus. Assim, ele destruiu a todos no dilúvio. A propósito, é provável que, além da chuva, tenha havido um tsunami. O texto afirma que "as comportas do céu se abriram" e a chuva caiu, mas diz também que jorraram as fontes das grandes profundezas – e isso certamente indica um tsunami; também devem ter ocorrido terremotos na ocasião. Quero que você recorde alguns pontos. O primeiro deles é que havia uma família justa. Um homem justo chamado Noé havia transmitido à sua família o modo correto de viver, e oito pessoas foram salvas daquele terrível desastre. Em segundo lugar, quero que você se lembre que o dilúvio foi merecido. Deus é tão bom que jamais enviaria às pessoas algo que elas não merecessem. Isso seria totalmente injusto e indevido. Vou frisar essa parte: *as pessoas mereceram o castigo, por isso ele o enviou*. Terceiro, quero que você observe que Deus os alertou claramente a respeito do que iria fazer. Portanto, eles não tinham qualquer desculpa para ignorar o que estava por vir.

Vamos adiante, então. Jesus conhecia bem a natureza humana. Ele disse, por exemplo: "Se *vocês*, apesar de *serem maus*, sabem dar boas coisas aos seus filhos [...]". Ele está reconhecendo que a natureza humana é essencialmente má, mesmo que sejamos capazes de fazer algum bem ao longo da nossa vida. Afirma-se também que Jesus nunca confiaria em alguém porque *ele bem sabia o que havia no homem*. Que afirmação impressionante. Jesus não confiava nas pessoas, não poderia fazê-lo, porque conhecia sua motivação interior, portanto sabia como elas eram de fato.

Lembramos que quando o homem perguntou a Jesus: "Bom mestre, o que farei para herdar a vida eterna?", ele respondeu: "Por que você me chama bom? Não há ninguém que seja bom, a não ser somente Deus". Sendo assim, não deveríamos usar a palavra "bom" em relação a qualquer outra pessoa. Essa perspectiva é totalmente contrária à visão humanista. Os humanistas acreditam que a natureza humana é essencialmente boa, mesmo que façamos o mal. O humanismo afirma ainda que o mal é um elemento externo a nós, que o meio em que estamos inseridos nos leva ao mau comportamento, mas somos bons em essência. O mal, no entanto, vem do nosso interior. O ser humano pode ser mau mesmo que o meio seja bom. A pobreza pode agravar essa situação; a pobreza e o ambiente familiar negativo podem desencadear em nós uma conduta imprópria, que apenas revela uma condição interior já existente. Sabe, eu tive três filhos e, na verdade, eles aprenderam a palavra "não" antes de aprenderem o "sim". Nunca foi preciso ensiná-los a serem cruéis uns com os outros, somente a serem bondosos. Nunca foi preciso ensiná-los a serem indelicados, somente a serem educados. Nossos filhos eram piores do que os filhos dos outros? Não. Eram típicos seres humanos. Certa mãe me disse a respeito de seu filhinho: "O problema não é a força de vontade dele, mas sua força de má vontade". Ela estava admitindo algo que todos os pais e mães já sabem. As crianças não são inocentes, por isso o *bullying* é tão frequente na escola. Essa é a razão pela qual esses problemas acontecem no parquinho. O que estou dizendo é que a perspectiva bíblica de Deus é muito superior à visão que temos dele, e sua visão de nós é muito inferior à visão que temos de nós mesmos. E isso nos leva a algumas conclusões muito interessantes na Palavra de Deus.

Mas antes que eu aborde essas conclusões, vamos analisar algumas das formas pelas quais somos maus. Quão ruins somos? Não estou me referindo aos criminosos que agem na sociedade. Todos acreditam que existem [e sempre existiram] pessoas perversas: Adolf Hitler, Saddam Hussein. Se eu dissesse que o destino final deles será o inferno, acho que ouviria aplausos. Se o fizesse, certamente eu não teria recebido algumas das cartas que contestaram minha posição sobre o assunto. Mas o fato é que todos nós vemos a maldade que está no outro, não em nós. Como já mencionei, há uma falsa premissa por trás da pergunta: "Por que Deus não elimina todas as pessoas más deste mundo para que possamos desfrutar de uma vida em paz e segurança?". Se Deus removesse deste mundo todos os maus, não sobraria ninguém. Se Deus nos tratasse com justiça rigorosa, nem você nem eu estaríamos aqui. Quero mencionar três aspectos da maldade partilhados por todos nós. Primeiramente, a nossa atitude em relação à criação de Deus. Você certamente percebe que estamos destruindo o meio ambiente do qual dependemos. Devastamos as florestas que produzem o oxigênio que respiramos. Os seres humanos são os grandes responsáveis pela extinção dos animais; todos eles foram criados por Deus para seu próprio prazer, e nós os exterminamos gradualmente. Você sabe que estamos destruindo a atmosfera com o aquecimento global e agora, também, com o escurecimento global. Não se trata apenas do dióxido de carbono na atmosfera, mas de partículas de carbono da queima de nosso combustível fóssil que já estão reduzindo o alcance da luz solar até nós, e nosso suprimento de alimento depende dessa luz. O processo de fotossíntese produz nosso alimento de forma direta ou indireta. Sendo assim, o problema é a nossa atitude para com a criação de Deus – e todos nós estamos envolvidos nisso. Viajo às vezes em trens com motor a diesel, que libera dióxido de carbono e emite outros poluentes. Também viajo de carro, que produz o mesmo efeito. Estamos destruindo o meio ambiente de Deus. Ele o concedeu a nós para que cuidássemos dele, mas simplesmente não fazemos isso. Produzimos toneladas de lixo e criamos aterros por todos os lados. Esse é apenas um dos aspectos que se aplica a todos nós. Estamos degradando a criação de Deus.

Em segundo lugar, quero que observemos nossa atitude de uns para com os outros. Matamos muito mais seres humanos do que qualquer desastre natural. Assistimos a uma das piores tragédias já ocorridas – o tsunami deixou um rastro de um quarto de milhão de mortes. No entanto, somente na Segunda Guerra Mundial, foram assassinadas entre 50 e 80 milhões de pessoas. Sabemos que, somente na antiga União Soviética, cerca de 20 milhões foram levadas à morte, o que correspondia a 15% da população. Durante a Segunda Guerra Mundial, seis milhões de judeus, o povo escolhido de Deus, foram mortos. Sem ter declarado guerra contra ninguém, eles foram perseguidos e sofreram. Deus se refere aos judeus como a "menina dos seus olhos" – sua íris – a parte mais sensível do corpo. Quando você toca no povo escolhido de Deus, está tocando em seu ponto mais sensível, a menina dos seus olhos.

Alguns dirigem depois de ter ingerido bebida alcóolica, sem se importar de colocar em risco a vida de outras pessoas. Ultrapassamos o limite de velocidade. Nossos atos, todos os dias, colocam em risco a vida de outros.

Acima de tudo, um terço da população mundial vai dormir sentindo fome; outro terço está faminto; e tanto nós quanto nossos filhos, no Ocidente, comemos tanto que sofremos com a obesidade.

Quando Noé saiu da arca, Deus lhe prometeu que a terra sempre produziria o alimento suficiente para toda a raça humana, e hoje, de fato, há alimento suficiente no mundo para que a fome de todos seja saciada. E por que há pessoas passando fome? Em parte, porque alguns de nós somos tão gananciosos que não partilhamos nosso alimento com os que necessitam. Não é culpa de Deus que pessoas passem fome; a culpa é nossa, que não distribuímos o alimento de acordo, e devemos ser responsabilizados por isso.

Somos todos culpados de assassinato. Os nazistas trataram os judeus como sub-humanos; somos culpados do mesmo erro se tratamos os nazistas da mesma forma. Eles eram seres humanos como você e eu. Os mesmos soldados de Auschwitz que envenenavam centenas de judeus brincavam com os seus filhos quando estavam em casa e até entoavam cânticos de

Natal. Eram todos seres humanos. Quando você conhece a si mesmo como realmente é, quando lê a Bíblia e enxerga a si mesmo, como uma imagem refletida no espelho, então percebe que você é capaz de fazer a mesma coisa que eles fizeram. Todos somos capazes de tais atos.

Jesus veio ao mundo e fez uma afirmação um tanto devastadora. Ele disse que você será julgado como um assassino caso tenha, alguma vez, desejado a morte de uma pessoa. O mesmo acontecerá se tiver chamado alguém de idiota. Aconselhei pessoas que, durante a infância, ouviram a frase "Você não presta" repetidas vezes, dita pelos próprios pais – e isso afetou seu espírito para o resto de suas vidas.

Portanto, nossa atitude em relação a nossos semelhantes revela que somos capazes de ser pessoas realmente más.

Falei da nossa atitude para com a criação e da nossa atitude para com os nossos semelhantes. E a nossa atitude para com o nosso Criador? Ele nos deu um manual de instruções para a vida. Estabeleceu certas regras, por ele criadas para nosso bem-estar e felicidade. O que fazemos a respeito delas? Nós as ignoramos. Criamos nossas próprias regras. Considere as regras que ele estabeleceu em relação ao extraordinário prazer do sexo. Deus disse que se você deseja desfrutar o máximo do sexo, deve praticar a castidade total antes do casamento e a fidelidade absoluta após o casamento. Dessa forma, desfrutará melhor do sexo do que qualquer outra pessoa. Mas o que fazemos? Ignoramos as duas regras e agimos da nossa maneira. Eu diria que a essência da nossa rebelião contra Deus é chegar ao final da vida e dizer "Vivi do meu jeito". A canção *My Way* [gravada por Frank Sinatra, entre outros artistas] é a trilha sonora dos pecadores.

Mas não estou pensando apenas nas regras que Deus nos deu para nosso próprio bem, para nossa felicidade e saúde. Penso também na maneira como o tratamos. Muitos ignoram a Deus. Aos domingos, preferem ir a uma feira ou a uma partida de futebol em vez de passar uma hora com o povo de Deus, rendendo-lhe graças, dizendo-lhe o quanto ele significa para nós. Insultamos a Deus quando direcionamos a outros deuses a nossa adoração e o nosso louvor – não me refiro a outras religiões necessariamente, mas a outros deuses como astros de cinema, da música, do esporte, rendendo-lhes a adoração que pertence a Deus somente. Deus é o único digno de tal adoração.

Acima de tudo, nós o insultamos quando não agradecemos por tudo o que ele faz por nós. Há uma história no Antigo Testamento que ilustra como Deus verdadeiramente é. Centenas de milhares de pessoas estavam presas em um deserto chamado Sinai como consequência de sua própria conduta rebelde. Poderiam ter levado apenas 14 dias até chegar à Terra Prometida. Foram obrigadas a passar quarenta anos no deserto porque não confiaram em Deus – o mesmo Deus que as havia tirado do Egito – não confiaram que ele as faria entrar na Terra Prometida. Não creram nele. Por essa razão, estavam presas no deserto. Deus poderia tê-las abandonado à própria sorte, dizendo: "Vocês não tomaram a terra quando eu a entreguei. Que morram". Ele não fez isso, mas lhes proveu diariamente um alimento milagroso chamado "maná", bem como água extraída de rochas secas; Deus as alimentou, saciou sua sede e as manteve vestidas durante quarenta anos. No entanto, certa ocasião durante esses quarenta anos, o povo voltou-se contra Moisés, aquele a quem Deus havia usado para tirá-los da escravidão. Queixaram-se da comida que Deus lhes provia. Disseram que era horrível, que sentiam falta do alho e dos temperos encontrados no Egito. "Por que você nos trouxe aqui para nos dar essa comida horrível?", diziam. Aquele alimento tinha todos os minerais, todas as proteínas, todos os carboidratos, todas as vitaminas de que eles precisavam. Mas eles não gostavam da comida, por isso murmuravam, e Deus se irou com isso.

O que ele fez a respeito? Enviou serpentes venenosas no meio deles, e muitos foram picados e morreram. Famílias inteiras foram afetadas por essas serpentes e perderam seus entes queridos. Então eles se arrependeram. Clamaram a Moisés dizendo: "Diga a Deus que pecamos; não deveríamos ter feito aquilo, jamais deveríamos ter murmurado. Por favor, peça a ele que remova as serpentes". Deus, no entanto, não removeu as serpentes. Na verdade, ele permitiu que as serpentes continuassem a picá-los e a matá-los. O que fez foi ordenar a Moisés que prendesse uma serpente de metal em uma haste e que a colocasse no alto de um monte, na extremidade do acampamento. Quando alguém fosse picado por uma serpente, precisaria apenas olhar para a serpente presa ao mastro e o veneno não teria efeito no seu corpo.

Talvez você diga: "Que história horrível; é coisa do Antigo Testamento, não é?". Não, não é. O próprio Jesus endossou essa visão de Deus: um Deus que se ira diante da falta de gratidão por tudo o que ele faz para nos sustentar. E você sabe em qual texto do Novo Testamento essa visão é endossada por Jesus? João, capítulo 3, versículos 14 e 15. Logo em seguida, vem o versículo 16: "Porque Deus amou o mundo de tal maneira [...]". Em outras palavras, você precisa associar ao amor de Deus o entendimento de que ele é um Deus que se ira o suficiente para matar pessoas quando elas demonstram ingratidão. Quando foi a última vez que você agradeceu por tudo o que ele faz para mantê-lo vivo? Entende o que quero dizer? Não damos o devido valor a isso. Reivindicamos nosso direito ao alimento, à saúde, à vida. Mas não temos esse direito.

Abordei apenas superficialmente essas três áreas. Poderíamos continuar refletindo sobre nossa atitude para com a criação, para com os nossos semelhantes e para com o próprio Criador, mas vamos avançar para as conclusões bíblicas de tudo isso.

A primeira conclusão bíblica é esta: *não merecemos viver*. Somos agentes de destruição da criação, quando deveríamos ser responsáveis pela sua preservação para nós mesmos, para os outros e para o próprio Deus. Somos todos culpados. Nenhum de nós é bom o bastante para cuidar deste mundo. Essa é a primeira conclusão, e ela é muito importante.

A segunda conclusão é esta: *nós merecemos morrer*. Cada um de nós merece morrer. Por quê? Porque Deus não pode permitir que pessoas más vivam eternamente e continuem a estragar o seu universo para todo o sempre. Por isso, ele estabeleceu um limite de tempo para nossa existência – 70, 80 ou, hoje em dia, 90 e até 100 anos, aproximadamente. Mas, no final, morremos. É curioso: a Bíblia não afirma que a morte é um evento natural. Na Bíblia, a morte de seres humanos não é algo natural. Não fomos criados para morrer. Adiamos a morte tanto quanto possível. Não gostamos de falar a respeito dela porque não fomos criados para morrer e sabemos disso. A morte é inimiga do homem, portanto tentamos não falar sobre ela. Não gostamos de enfrentá-la. É um tema proibido hoje, pois não se trata de um evento natural, mas sim um ato de justiça penal. O que quero dizer, no entanto, é que somos culpados, merecemos morrer e Deus de fato nos disse: "Você morrerá". Ele se dirigiu a Adão, no meio do jardim do Éden, dizendo: "No dia em que você me desobedecer, morrerá". Foi preciso definir um limite de tempo para nossa existência a fim de que não continuemos eternamente destruindo tudo. Deus foi forçado a fazer isso. Qualquer morte, portanto, seja prematura ou tardia, é um ato de justiça penal ou, em linguagem clara, é a execução de alguém que não merece viver.

Darei um passo adiante. Além de não merecermos viver, todos nós merecemos a morte, mas não só isso, nós *merecemos uma morte prematura e violenta*. Talvez aceitemos a morte se ela vier pacificamente, quando estivermos em uma idade avançada, cansados e prontos para nos unirmos aos que dormem, mas a verdade é que todos nós merecemos uma morte prematura e violenta. O que me leva a fazer essa afirmação? Bem, como cristão, eu creio que somente uma pessoa não mereceu a morte. Houve apenas um homem perfeito em toda a história do mundo, e ninguém pode afirmar o contrário sobre ele. Até mesmo seus inimigos admitiram que não podiam encontrar nele falta alguma, e eu me refiro, é claro, a Jesus. Jesus, portanto, deveria ter continuado a viver para sempre. Mas não foi assim, pois Deus planejou que ele morresse – não pacificamente, aos 70 ou 80 anos, em sua cama em Nazaré. Ele foi executado aos 30 anos de idade, uma morte particularmente dolorosa e humilhante – preso a uma estaca, assim como a serpente na haste erguida por Moisés no deserto. Porque Jesus teve de enfrentar uma morte prematura e violenta, de acordo com o plano de Deus, e porque ele morreu em meu lugar, pagando o castigo que eu merecia pagar, então tenho certeza de que mereço uma morte violenta e prematura. É por essa razão que todo cristão deve considerar cada dia de sua vida, independentemente de sua jornada ser curta ou longa, como um ato de *misericórdia*, um *favor imerecido de Deus*.

Entrevistando certa vez um agente funerário, eu lhe perguntei: "Sei que você já esteve em muitas casas onde uma morte trágica, repentina e inesperada havia ocorrido. Algumas dessas pessoas eram cristãs. Você observou alguma diferença entre um lar cristão e um lar não cristão na maneira de enfrentar uma morte repentina e prematura?

Ele me fitou com ar pensativo por um longo tempo e então respondeu: "Sim, observei uma diferença. Em lares cristãos, não há amargura nem ressentimento". Percebi que ele estava oferecendo um verdadeiro tributo aos cristãos. Os cristãos sabem que todos nós merecemos morrer de forma prematura, que todos nós merecemos morrer de forma violenta e que, portanto, qualquer exceção a isso deve-se à pura misericórdia imerecida de Deus.

Há um versículo bem no meio da Bíblia que afirma: "Graças ao grande amor do Senhor é que não somos consumidos" (Lm 3.22). Isso traz uma luz totalmente diferente à questão. A Bíblia nunca faz a pergunta com a qual lidamos neste livro. A Bíblia nunca questiona: "Por que Deus permitiu que isso acontecesse?". Na verdade, a Bíblia nos leva ao questionamento oposto, uma pergunta muito diferente. Não se trata de "Por que tantos morreram naquele desastre natural?". Tampouco "Por que os desastres naturais acontecem de tempos em tempos?", mas sim "Por que eles não acontecem com mais frequência?". Se eles são o que realmente merecemos, então o extraordinário é que não aconteçam com mais frequência e matem mais pessoas. Trata-se de uma perspectiva totalmente diferente. Como chegamos a essa perspectiva? A Bíblia está dizendo que Deus é muito melhor do que pensávamos e nós somos muito piores do que acreditávamos ser. O quadro muda completamente quando você tem uma perspectiva bíblica.

Ouça o que Jesus tem a dizer sobre o tema. Nos dias de Jesus, aconteceu um desastre. Uma torre ruiu, assim como ruíram as torres gêmeas em Nova York. Não sabemos se o desmoronamento daquela torre, no tempo de Jesus, teve uma causa natural ou humana. Havia uma falha em sua construção? Ou foi um terremoto? Ou ainda uma mistura dos dois – a torre não era forte o bastante para resistir a tremores em uma região propensa a terremotos? Seja qual for a causa – natural ou humana – foi um desastre de grandes proporções, e muitas pessoas perderam suas vidas. Alguns procuraram Jesus e disseram: "As pessoas que morreram no desastre eram piores do que nós, eram piores do que os sobreviventes?". Em outras palavras, o desastre teve como alvo livrar-se de pessoas que eram piores do que outras? A resposta de Jesus foi muito simples. Ele disse: "Não, elas não eram piores, mas também não eram melhores". Com sua resposta, Jesus está dizendo: elas mereceram e vocês também merecem, mas vocês receberam uma oportunidade de se acertarem com Deus antes de morrer. "Se não se arrependerem, todos vocês também perecerão" (Lucas 13.3). É uma resposta e tanto. Veja, sou um seguidor de Jesus. Eu creio que Jesus é a verdade. Creio que ele falou a verdade. E quando afirmou que as pessoas que morreram naquele desastre mereciam a morte, assim como os sobreviventes a merecem, eu creio que ele falou a verdade, e essa deveria ser nossa reação diante de qualquer desastre, natural ou humano. *Aquelas pessoas mereceram e nós também merecemos. Sou grato a Deus por sua misericórdia em me conceder uma oportunidade de acertar minha vida antes de seguir pelo mesmo caminho.* Uma coisa é certa: todos nós seguiremos o mesmo curso. Somos pessoas a caminho da morte, você e eu. Tenho mais de 70 anos e meus filhos brincam comigo dizendo que estou com um pé na cova e o outro sobre uma casca de banana, e é verdade. Se a vida equivale a um dia, já passei das 23 horas. Vou morrer e você também. O fato de eu estar vivo na minha idade não se deve a qualquer merecimento meu, é misericórdia de Deus. Não é algo a que eu tenha direito. É algo que ele permitiu a mim. Eu poderia ter morrido muito antes.

A Bíblia está repleta de ensinamentos que contribuem para nosso entendimento, e este é outro ensinamento que talvez você nunca tenha percebido: o meio ambiente e o homem estão conectados. Tudo faz parte da criação de Deus. Cada vez mais nos damos conta de que isso acontece em um nível físico. Percebemos que nossos atos afetam a natureza e que tudo o que acontece na natureza nos afeta. Já observamos que o aquecimento global e o escurecimento global são decorrentes de uma série de ações do homem, entre elas, a queima dos combustíveis fósseis que utilizamos. Portanto, agora sabemos que há uma conexão entre nós e a natureza. O que talvez você não tenha percebido é isto: a Bíblia ensina que há uma conexão moral e espiritual entre a natureza humana e a natureza física; que no âmbito moral e espiritual, uma afeta a outra; e que a natureza não está em boas condições. A natureza física era boa no princípio, após ter sido criada pelas mãos de Deus, quando ele a contemplou e disse: "Isso é bom. Isso me deixa feliz". Ele se agradou da natureza porque ela era boa. Mas hoje, a natureza deixou de estar em boas condições. De alguma forma, ela também foi afetada por essa nossa rebelião contra Deus. Houve um tempo em que o lobo e o cordeiro podiam deitar-se juntos, coexistindo pacificamente e em segurança. Houve um tempo em que o leão era vegetariano. É o que a minha Bíblia diz. Algo deu terrivelmente errado, de modo que não apenas a natureza humana como também a natureza física estão sofrendo. Como as duas naturezas estão interligadas, pode haver um elo sutil entre as disfunções na natureza física e as disfunções na natureza humana, o que resulta em desastres.

Abordarei em instantes a questão mais surpreendente de todas, mas a Bíblia afirma que a própria natureza luta e *geme*. Talvez seja o ruído da movimentação das placas tectônicas, mas a natureza está gemendo também porque precisa de redenção, de salvação, de transformação, de restauração ao seu estado original. Curiosamente, a Bíblia afirma que a natureza não será salva e restaurada até que nós tenhamos sido salvos; toda a criação está gemendo, sofrendo, esperando que sejamos redimidos, pois quando isso acontecer a natureza também será liberta da morte e da decadência (Romanos 8.22-23).

É uma afirmação extraordinária. Curiosamente, a palavra "luta" foi usada por Darwin em sua teoria da evolução.

Ele via a natureza como uma luta em que o mais forte sobreviveria. Foi usada também por Karl Marx. Ele falava sobre "luta" entre burguesia e proletariado, em que a classe trabalhadora, sendo mais forte, sobreviveria. Foi usada por Nietzsche, cuja filosofia influenciou Hitler, levando-o a escrever um livro intitulado *Mein Kampf* [Minha luta]. O século 20 foi dominado por essa palavra "luta" e pela ideia da "sobrevivência do mais forte". A palavra "luta" tem uma história trágica.

Jesus previu que, próximo ao final desta era, haveria um grande aumento no número de desastres, quer fossem eles naturais quer fossem causados por seres humanos, por isso ele os coloca na mesma lista. Jesus disse que haveria guerras, fomes e terremotos (Mateus 24.7). As guerras são claramente causadas pelo homem. Os terremotos são causados pela natureza; as fomes, provavelmente um pouco de ambos. No entanto, ele está dizendo que podemos esperar um aumento nesses desastres. Você sabia que os terremotos dobram de frequência a cada dez anos? Não se trata apenas do que ouvimos a respeito pela TV ou pelo rádio. Eles estão, de fato, mais frequentes. Pergunte a qualquer especialista em sismologia. Jesus fez essa previsão há dois mil anos. Mas o que está acontecendo? Quem é responsável por esse aumento? Mais pessoas morreram, proporcionalmente, no século 20 do que em qualquer século anterior. Como será no século 21? O século já começou mal e ainda não estamos sequer nos primeiros trinta anos. Desde a Segunda Guerra Mundial, houve 36 guerras que se caracterizaram como conflitos internacionais, sem falar nos conflitos civis. Esses desastres estão crescendo, o que significa que haverá mais dor e sofrimento.

Foi o que Jesus afirmou. Bem, isso está se cumprindo? Creio que sim. Mas, por que estão mais frequentes? Em palavras muito simples, creio que isso seja explicado pelo fato de Deus estar afastando suas mãos restritivas da natureza física e da natureza humana. Suponho que jamais saberemos o quanto devemos à ação de Deus, refreando nossa pecaminosidade, criminalidade e depravação. Ele tem restringido e refreado o mal, mas lemos no primeiro capítulo da carta de Paulo aos Romanos, por exemplo, o que acontece quando Deus afasta sua mão da sociedade humana. Ocorre então um grande aumento das práticas sexuais não naturais e da violência. Ocorre um aumento dos rompimentos familiares e, principalmente, da quantidade de filhos que se tornam cada vez menos obedientes a seus pais. Ler Romanos capítulo 1 é como ler as notícias do dia! Todas essas coisas acontecem porque Deus afasta sua mão da natureza humana. Por que ele faz isso? Mais uma vez, você encontrará uma resposta bíblica e simples nesse mesmo capítulo, Romanos 1. Quando os homens abandonam a Deus, ele abandona os homens. É justo, não acha? É correto. Quanto menos atenção os homens dedicam a Deus, cada vez menor é a atenção que Deus lhes dedica. Eles deixam de oferecer-lhe adoração e ação de graças; ele desiste de restringir o mal sobre a terra e a sociedade.

Temos aqui, portanto, uma imagem clara de Deus afastando suas mãos da natureza humana, e podemos ver o resultado disso à nossa volta. Quem discordaria da análise feita por Paulo do que acontece quando Deus afasta da sociedade suas mãos restritivas? A Bíblia nos diz, contudo, que, à medida que o fim se aproximar, Deus removerá sua mão restritiva da natureza também e, consequentemente, ela se portará de forma cada vez pior. Acontecerá com uma frequência cada vez maior.

Temos outro choque quando lemos na Bíblia que o próprio Jesus sente a mesma ira que Deus sente. Segundo o livro de Apocalipse, ele abrirá os selos do rolo dando início à contagem regressiva final de nossa história e, à medida que rompe os selos, ele, Jesus, libera sobre a raça humana as guerras, o derramamento de sangue, a peste e a morte. Devemos levar isso em consideração quando tentarmos entender o pleno caráter e a natureza de nosso Senhor Jesus Cristo.

Temos, portanto, uma expectativa bíblica de um aumento na frequência e na dimensão dos desastres, sejam eles causados pelo homem, decorrentes de causas naturais ou ambos. Por isso, receio ter de lhe dizer que o tsunami na Ásia foi apenas um evento de uma série que crescerá em frequência e alcance. A Bíblia nos diz que, finalmente, um gigantesco terremoto abalará toda a Terra – todas as placas tectônicas entrarão em atrito umas contra as outras, liberando toneladas e toneladas de energia, tanto na terra quanto sob o mar. É esse o cenário que minha Bíblia pinta e não é muito agradável, mas no futuro veremos se ele foi preciso ou não.

Eis aqui mais uma surpresa na Bíblia. Para Deus, este mundo já foi descartado. Não há possibilidade de redenção. Está danificado e contaminado demais para que se recupere. Deus determinou em seu calendário uma data para dissolver não apenas o planeta Terra, mas todo o universo que o cerca. E ele vai fazê-lo da forma como Einstein previu. A fórmula simples de Einstein ($e=mc^2$) significa, essencialmente, que a quantidade de energia compactada em um pedaço de matéria (este livro ou qualquer átomo de matéria) é o peso dela multiplicado pela velocidade da luz ao quadrado. É uma quantidade imensa de energia. Foi essa fórmula que levou diretamente ao desenvolvimento da bomba atômica e da bomba de hidrogênio – a liberação de uma quantidade incrível de energia a partir de um pequeno pedaço de matéria. Cada célula no universo, cada pedaço de matéria está cheio de energia, compactada ali por Deus. A Bíblia nos diz que embora Deus tenha destruído todo o mundo com água, no fim dos tempos ele o destruirá com fogo. Entendo, portanto, que para que isso ocorra basta ele liberar a energia que compactou e tudo explodirá.

Não parece nada agradável, concorda? No entanto, uma afirmação extraordinária dos lábios de Jesus, que previu tudo isso, revela: esses terríveis sofrimentos são dores de parto e não de morte. Sim, a morte pode ser dolorosa, mas o nascimento também é. E Jesus afirmou: "Quando ouvirem sobre todos esses desastres, não se perturbem. É o 'parto' da criação de um novo mundo que virá". Entender que o fim deste mundo trará à luz um novo mundo é uma forma totalmente diferente de encarar o aumento dos desastres. Deus decidiu "aposentar" este mundo e construir um novo céu e uma nova terra: um novo planeta Terra e um novo espaço à sua volta. Tudo novinho em folha. E ele se certificará de uma coisa apenas: que nada de mau jamais entre nesse novo mundo. Ele decidiu começar tudo de novo. Vai criar um universo novo em folha onde a justiça residirá. Em termos simples, nada nem ninguém poderá poluir esse novo mundo.

Que visão do futuro! Você a encontrará somente na Bíblia, porque nela Deus está nos dizendo o que fará. A Bíblia é um livro de história, mas é diferente de qualquer outro livro que encontramos na biblioteca. Começa antes e termina depois de qualquer outro livro de história. Começa com o início do nosso mundo e termina com o fim deste mundo. No seu final, um novo mundo nasce, criado pelo mesmo Deus que nos concedeu o universo. É o que a Bíblia ensina.

Você considera boas essas notícias? Bem, eu não o culparia se dissesse "Não tenho muita certeza", pois não há chance de você entrar nesse novo mundo, visto que Deus não permitirá a entrada de quaisquer agentes de poluição nesse mundo – quer moral quer fisicamente. Você e eu, portanto, não temos qualquer chance.

De certo modo, portanto, a Bíblia termina com péssimas

notícias. Mas espere um pouco, quem vai habitar nesse novo mundo? Quem estará suficientemente apto e como Deus evitará que o novo mundo não seja corrompido como este mundo foi? Precisamos retornar ao início: "Para começo de conversa, por que Deus criou a raça humana?". Minha resposta, e receio que ela seja muito simples, é esta: Ele já tinha um Filho, e tanto se alegrava nele que desejou ter uma família maior. Não há maneira mais simples de expressar essa ideia. Creio que foi por essa razão que ele nos criou, para sermos seus filhos e filhas – não seus filhos *naturais*, pois ele teve apenas um Filho natural (ou Unigênito, como diz a Bíblia) –, mas para sermos seus filhos *adotivos*. Ele desejou que fôssemos sua família estendida, partilhando do seu amor, partilhando do relacionamento que ele já desfrutava com seu Filho e com seu Espírito. Segundo a Bíblia, essa é a razão de nossa existência no universo.

Outros talvez afirmem que somos fruto de um acidente, somos pura obra do acaso; foi a sorte que agrupou as moléculas da maneira como fomos formados. Esse é o seu entendimento sobre a origem do homem. Percebo que eu precisaria de uma fé maior para crer nisso do que para crer na ideia de que alguém me colocou aqui e me criou como sou para que eu pudesse desfrutar de um relacionamento de comunhão com ele.

Vamos a outra pergunta. Se Deus já descartou esse mundo – se ele vai começar novamente – por que não acaba logo com tudo de uma vez? Por que destrói este mundo pouco a pouco? Por que não provoca um desastre gigantesco, livra-se de todos nós e então começa de novo? A resposta é que essa não é a sua vontade. Ele não tem prazer em destruir o que criou. Detesta ter de fazer isso. Sua justiça o obriga, mas ele odeia essa ideia. Não sente prazer nela. Deus não é sádico. Não está se vingando de nós, ele não é assim. Não quer nos abandonar. Não deseja ser obrigado a nos aniquilar. Na verdade, ele elaborou um plano maravilhoso. Suponha que ele apenas nos aniquilasse, formasse um novo universo, criasse novos seres humanos e os colocasse ali. Quanto tempo você acha que seria necessário até que eles seguissem o mesmo caminho trilhado por nós? Não levaria mais de uma geração, provavelmente. Suponha ainda que ele criasse pessoas para habitar nesse novo universo que não pudessem ser más, e essas pessoas fossem marionetes, obrigadas a serem boas, forçadas a obedecer e a guardar suas leis. Não seria uma família, pois o amor em família depende da escolha voluntária de pessoas que desejam estar naquela família, pessoas que desejam amar e ser amadas, pessoas que desejam ser filhos e filhas de seu Pai celestial. Portanto, seria contrário ao seu propósito. Então, qual é o seu grande plano? É transformar alguns de nós para que possamos entrar nesse novo mundo sem danificá-lo. Não há explicação mais simples do que essa. Deus deseja que no novo mundo habitem pessoas de todos os grupos étnicos existentes neste velho mundo. Ele quer pessoas de todos os povos, de todas as tribos, línguas e nações. Mas ele nunca nos constrangerá a ser parte desse mundo. Ele está à procura de pessoas que estejam dispostas a ser transformadas. A Bíblia usa a palavra "arrepender-se" para descrever o processo de transformação, explicado aqui de maneira muito simples.

    Deus decidiu que os que estiverem dispostos a ser transformados poderão viver nesse novo universo. E, tendo conhecido este mundo, estando cientes do que acontece a um mundo que abandona a Deus e testemunhando o dano que causaram à criação, essas pessoas jamais desejarão ver o mesmo acontecer. Darão um basta a tudo isso. Terão o desejo de ser boas e serão boas.

    Uma coisa é absolutamente certa: você e eu jamais poderemos nos tornar suficientemente bons para Deus. Muitos tentaram. A maioria sequer tentou. Eles dizem apenas "Bem, ninguém é perfeito", e aceitam a si mesmos como são. Declaram que "Ninguém pode mudar a natureza humana". Trata-se de uma mentira – exceto pelo fato de que *você e eu*, de fato, não podemos. Mas Deus pode. E mudará. Alguém afirmou que Deus pode fazer maravilhas com uma vida despedaçada contanto que ele tenha em suas mãos todos os pedaços. Ele pode uni-los novamente. Pode transformar pecadores em santos. Pode transformar o ímpio em justo. Pode tornar bons aqueles que são maus por natureza. Esse é o evangelho que prego. É o evangelho que a Bíblia prega. É um evangelho de transformação da natureza humana a fim de que os maus se tornem bons e sejam tão gratos que não queiram viver novamente em um mundo como este e tenham o desejo de ser bons.

Em poucas palavras, isso exige a obra de três pessoas: Deus Pai, Deus Filho e Deus Espírito Santo. O primeiro passo é quando Deus afirma: "Vou esquecer o seu passado. Vou perdoar e esquecer. Vou tratá-lo como se você já fosse totalmente inocente, como se já fosse inteiramente justo". Chamamos isso de justiça *imputada*, porque Deus realmente nos considera inocentes. Ele usa o termo *justificado* ou absolvido, que é um termo jurídico, usado no tribunal. Ele está dizendo: "Esta pessoa é boa aos meus olhos". Gosto muito da tradução da Bíblia para uma das línguas oficiais da Nova Guiné. Ela tem algumas frases vívidas, e uma delas, onde sua Bíblia em português diz que fomos "justificados", essa tradução diz: "Deus disse que está tudo certo comigo". Não é maravilhoso que Deus olhe para mim e diga: "Tudo certo com ele; não consigo encontrar nada errado"? Isso é perdão. Como eu já disse, isso é possível somente porque Jesus já pagou o preço. Deus é bom, por isso não poderia simplesmente ignorar minha forma de ser, de agir, de falar e de pensar. Ele não poderia fazê-lo; é demasiadamente bom para isso. Deus não pode simplesmente nos deixar impunes, mas quando outra pessoa paga o preço em nosso lugar, ele pode nos tratar como inocentes.

Esse, porém, é apenas o início da transformação. Ainda somos essencialmente o que éramos e, de tempos em tempos, o "velho homem" dá as caras. Há, no entanto, um novo homem sendo criado, e a terceira pessoa da Santa Trindade, o Espírito Santo, é quem está em ação. Cristo morreu para pagar o preço por meus pecados. O Espírito Santo me concederá a justiça de Deus. Ele vai me tornar perfeito.

Apesar de sua grande fé, minha esposa tem certa dificuldade de acreditar em uma das minhas declarações, assim ela me diz. É quando eu lhe digo que, um dia, seu marido será perfeito. Ela costuma responder: "Se eu baseasse minha fé na experiência, não conseguiria acreditar nisso". Mas ela continua: "Vou tentar me firmar nas promessas de Deus". E Deus prometeu tornar-me perfeito; restaurar sua imagem em mim; fazer de mim um bom homem, apto a entrar em seu novo mundo sem poluí-lo, sem danificá-lo, sem estragar o que Deus fez, mas preservando-o para as outras pessoas. Essa é a boa nova do evangelho de Jesus Cristo.

Voltemos à questão dos desastres naturais. Agora podemos vê-los por uma perspectiva bíblica. Quando penso no tsunami, por exemplo, não creio que seu alvo tenha sido determinado. Quero dizer que não acredito que Deus tenha escolhido um lugar ou um momento específico para esse tsunami ou para o terremoto que o causou. Sei que há pessoas que acreditam nisso. Ouvi, por exemplo, alguns afirmarem que se tratava de um local predeterminado. Ouvi de um mulá muçulmano que aquele lugar havia sido particularmente escolhido por Alá como um alvo contra a indústria do sexo na Tailândia predominantemente budista. Convenientemente, ele ignorou o fato de o epicentro do tremor ter sido localizado a poucos quilômetros da ilha de Sumatra, de maioria muçulmana. Ouvi, então, um pregador cristão afirmar que o tremor atingiu

Sumatra porque os cristãos têm sofrido muito na Indonésia, da qual Sumatra faz parte. Oportunamente, ele ignorou o fato de que a região mais atingida pelo tsunami na Índia foi o estado de Tamil Nadu, a região mais cristã da Índia, com 13% de cristãos, e que muitos cristãos que moravam ao longo da costa do Sri Lanka também foram atingidos. Portanto, não creio que possamos afirmar que Deus escolheu esse alvo, que direcionou esse desastre a fim de punir pessoas específicas. Também não creio que o momento tenha sido cuidadosamente escolhido. Era *Boxing Day*, feriado cristão celebrado no dia seguinte ao Natal, e dia de lua cheia, detalhe que está obviamente relacionado ao islamismo, mas não creio que o momento e o local tenham sido escolhidos. Creio que tenha sido, sim, um alerta global, por meio do qual Deus nos fez lembrar de sua justiça, que todos nós merecemos o desastre, que todos nós merecemos morrer, até mesmo de forma prematura e violenta. No entanto, foi também um lembrete de sua misericórdia, pois ele não está aniquilando a todos nós. Aos que sobrevivem, ele está concedendo mais tempo para que se arrependam, para que reflitam e se acertem com ele. As verdadeiras perguntas que devemos fazer a nós mesmos são: "Por que clamo a Deus quando estou sofrendo e não quando estou pecando?", "Por que clamo a Deus em terror, mas não em tentação?", "O que realmente me preocupa em minha vida: meu desconforto ou minha desobediência?".

Voltar-se para Deus e dizer: "Deus, preciso da tua ajuda; preciso que tu me tornes bom para que eu possa viver em teu novo mundo" – é o ponto de partida.

Obs.: Vários dos meus livros podem ajudá-lo a refletir de forma mais profunda sobre o tema: *Christianity Explained* (particularmente útil para não cristãos), uma obra mais longa, intitulada *A Chave para Entender a Bíblia* (destinada aos cristãos) e *The Road to Hell*.

www.ingramcontent.com/pod-product-compliance
Lightning Source LLC
Chambersburg PA
CBHW071538080526
44588CB00011B/1711